Münsterschwarzacher Kleinschriften
herausgegeben
von den Mönchen der Abtei Münsterschwarzach
Band 179

Für meinen Vater,
dem ich so viel mehr verdanke
als unsere gemeinsame Liebe
zu den »unheiligen Heiligen«.

Marlene Fritsch

Ich möchte keine Heilige sein

Teresa von Ávila – Wegweiserin für heute

Vier-Türme-Verlag

Bibliographische Information der Deutschen Nationalbibliothek

Die Deutsche Nationalbibliothek verzeichnet diese Publikation in der Deutschen Nationalbibliographie; detaillierte Informationen sind im Internet über http://dnb.d-nb.de abrufbar.

CO_2-neutral produziert

1. Auflage 2011

Druck und Bindung: Benedict Press, Vier-Türme GmbH
Münsterschwarzach

ISBN 978-3-89680-579-9
ISSN 0171-6360

www.vier-tuerme-verlag.de

Inhalt

Ankommen

Einleitung

Teresa von Ávila war für ihre Zeit eine sehr fortschrittliche und vor allem selbstbewusste Frau. Wenn sie über sich selbst sagt: »Ich bin ein Weib – und obendrein kein gutes«, dann meinte sie damit wohl eher, dass sie nicht unbedingt den Normen ihrer Zeit entsprach, was oder wie ein »Weib« zu sein hat. Sie nutzte das »Understatement«, um sich manchmal sogar ein wenig über die Männer lustig zu machen und sie gleichzeitig zu hofieren, um zu ihren Zielen zu gelangen. Durch ihre Herkunft und ihre Arbeit, gerade als Äbtissin und Klostergründerin, kannte sie die Männerwelt und wusste, wie sie funktioniert, auf welchen »Knopf« sie drücken musste, um das zu erreichen, was sie wollte. So setzte sie, oft ohne dass ihr Gegenüber es merkte, ihren Willen und ihre Absichten durch.

Aber: Für Teresa geht es dabei nie um sie selbst, denn bei ihr steht Gott immer an erster Stelle. Sie möchte ein gottgefälliges Leben führen. Dieses Leben ist aber in ihren Augen etwas, um das man sich immer weiter bemühen muss. Es fällt sozusagen nicht vom Himmel, sondern wird nur dann Wirklichkeit, wenn man als Mensch bereit ist, sich auf den Weg zu machen, um Gott in sich selbst und im anderen, im Mitmensch zu finden. Dieser Weg ist erst mit dem Tod zu Ende und wenn der Mensch in Gott angekommen ist. Bis dahin bleibt das Leben ein Unterwegssein, ein Zugehen auf dieses Ziel. Die Gefahr dabei ist in den Augen Teresas, dass der Mensch entweder den Weg mit dem Ziel verwechselt oder aber auf Abwege gerät. Das zu verhindern, müht sich Teresa ihr Leben lang – sowohl in Bezug auf ihre eigene Person als auch im Blick auf ihre Mitmenschen.

Ihre Spiritualität ist geprägt von »Stützen« oder Hilfen für diesen Weg. Sie erklärt immer wieder, wie er zu beschreiten ist, und auch, worin die Gefahren oder Abwege bestehen. Im Gegensatz zu vielen männlichen Geistlichen ihrer Zeit bleibt sie aber bei dem, was sie dabei von ihren Mitmenschen und vor allem Klosterschwestern fordert, sehr bodenständig und realistisch, das heißt, sie behält vor allem immer im Blick, was »menschenmöglich« ist. Sie predigt nicht einen – wenn man so will – »männlichen« Glauben, der von Disziplin und Kasteiung, Verzicht und Strenge gekennzeichnet ist, sondern einen »alltagstauglichen« Glauben, der Gott auch zwischen den Kochtöpfen findet – und vor allem im Antlitz ihres Nächsten oder ihrer Nächsten. Ihr geht es nicht um einen Glauben um des Glaubens willen, sondern um des Menschen willen.

Teresa ist es wichtig, dass der Mensch auch Mensch bleibt und sich als solcher seinen Mitmenschen gegenüber zeigt. Und: Für sie gibt es einen Weg, den ein Mensch zunächst gehen muss, um überhaupt ein gottgefälliges Leben führen zu können. Dieser Weg, den sie beschreibt, ist eigentlich nichts anderes als eine Anleitung zu einem Leben im Einklang mit sich selbst, oder anders gesagt: eine Voraussetzung, um als Mensch glücklich zu werden. Teresa hätte ihr Ziel niemals mit diesen Worten benannt, denn für sie bleibt dieses Ziel Gott, das Einswerden mit ihm, das Leben nach seinem Willen. Der Weg jedoch, den sie beschreibt, ist auch und gerade für Menschen heute von großer Bedeutung, die auf der Suche nach sich selbst und einem Leben, das von mehr als »Haben« erfüllt ist, sind. Und gerade darin unterscheidet sich das Ziel, das Teresa im Sinn hat, vielleicht gar nicht so sehr von dem heutiger Menschen – auch wenn das »Kind« vielleicht in der jeweiligen Zeit unterschiedliche Namen hat.

Damals wie heute ist es das gleiche »Weggeländer«, sind es die gleichen Wegweiser, die, wenn man sich an ihnen festhält und ihnen folgt, schließlich zum Ziel führen. Teresa bleibt jedoch gerade der Weg dorthin wichtig. Sie verkündet keine unerreichbaren Ziele, sondern zeigt ganz alltägliche und bodenständige Schritte, die jeder mitgehen kann, um dort anzukommen. Und mit das Wichtigste: Sie strebt zwar nach dem Idealen, aber nicht um jeden Preis und nicht mit Wut und Zorn im Herzen, sondern mit einer Gelassenheit, die entlastet und den Menschen in ihrer Umgebung guttut. Sie redet nicht von einer »Reinheit«, wie sie kein Mensch zu erreichen mag, sondern bittet Gott (und ihre Mitmenschen) immer wieder um Verzeihung dafür, dass sie so nicht leben kann, wie sie es eigentlich möchte – weil sie ein Mensch ist, der auch einmal müde, vielleicht auch krank wird, der manchmal einfach nicht mehr kann. Und der das Leben, so wie es ihm hier auf der Erde geschenkt wurde, auch lieben und genießen darf und will – ganz ohne schlechtes Gewissen.

Mir liegt es fern, in diesem Buch die Theologie Teresas darlegen zu wollen, oder ihr Werk zu deuten oder zu kommentieren. Mein Anliegen ist vielmehr zu zeigen, dass der Weg, um zur »Vollkommenheit« zu gelangen, den Teresa in ihren Büchern und Briefen beschreibt, auch heute noch gültig ist und Menschen ein echter Wegweiser sein kann – auf der Suche nach sich selbst wie auf der Suche nach einer eigenen, reifen Spiritualität. Ausgewählt habe ich dafür nur ein paar wenige, in meinen Augen zentrale Sätze aus Teresas Schriften und Texten, die ihr in der Tradition zugeschrieben wurden. Vielleicht scheinen sie manchmal etwas aus dem Zusammenhang gerissen, aber sie illustrieren meiner Ansicht nach, wie aktuell und leicht verständlich die Worte einer Heiligen sind, die vor nunmehr beinahe fünfhundert Jahren geboren wurde.

Der Weg, den Teresa beschreibt, beginnt mit dem schwierigsten aller Schritte: dem Blick in den Spiegel. Für sie ist Selbsterkenntnis der Anfang von allem. Sie glaubt: Erst wenn man bereit ist, sich selbst »ungeschminkt« zu betrachten und auch anzunehmen, kann man sein Päckchen schultern und vor die Tür treten, um sich wirklich auf den Weg zu machen. Erst dann helfen Wegweiser und Geländer wie »Freundschaft«, »Mut«, »Demut«, »Zufriedenheit«, »Konsequenz« und »Liebe« weiter, um schließlich anzukommen – wo auch immer das Ziel jedes Einzelnen liegen mag.

Diesen Weg zu sich selbst, der für mich erst die Tore öffnen kann zu einer erwachsenen, tragfähigen Spiritualität, möchte ich auf den kommenden Seiten mit Ihnen gehen. Sind Sie bereit für den ersten Schritt?

Der erste Schritt

»Muss man denn Flügel haben, um auf die Suche nach sich selbst zu gehen? Man braucht sich nur in die Einsamkeit zu begeben«

STILLWERDEN

Kennen Sie das? Sie haben in der Zeitung oder von einer Freundin, einem Freund von einer Veranstaltung gehört, die Sie vom Thema her sehr interessiert, und sich diesen Abend extra freigehalten, weil Sie unbedingt hingehen möchten. Vielleicht ist es sogar ein spiritueller Abend, der geplant ist. Ausgerechnet an diesem Tag dauert die Sitzung im Büro länger, kommt die Ablösung bei der Schicht zu spät, lässt der Babysitter auf sich warten, und Sie hetzen quer durch die Stadt und den Feierabendverkehr zum Veranstaltungsort. Dort schaffen Sie es noch geradeso in den Saal, ehe die Türen geschlossen werden, und die Veranstaltung beginnt, während Sie sich noch aus Ihrer Jacke schälen. Bei der Meditation zu Beginn ist Ihr Hirn pausenlos mit anderem beschäftigt: »Wenn ich nach Hause komme, muss ich aber gleich noch ...« – »Jetzt habe ich vergessen, Tante Maria zum Geburtstag anzurufen, dann kann ich das erst, wenn ich zurück bin, und dann ist es zu spät …« – »Ob der Babysitter pünktlich ist? Nicht dass sie wieder wie beim letzten Mal den ganzen Abend telefoniert und die Kinder fernsehen lässt, was sie wollen!« Und dann ist da wieder das schlechte Gewissen, dass Sie sich nicht auf die Meditation oder das Thema des Abends einlassen können, auch wenn Sie das noch so gerne möchten.

Um sich auf die Suche nach sich selbst, dem Sinn im eigenen Leben – und nichts anderes ist Spiritualität – zu machen, spielen das Stillwerden, die Ruhe, das Heraustreten aus dem Alltag und das Alleinsein mit sich selbst sicher eine große Rolle, weil sie dazu beitragen, das, was einen pausenlos in Atem hält, einmal hinter sich zu lassen und vor allem Ohren für unsere eigene Stimme zu bekommen, die in uns spricht und uns oft genug sagen kann, wo und wie dieser Weg zu uns selbst zu finden ist. Aber Stille, Einsamkeit und Ruhe sind Dinge, die in unserem täglichen Leben eher selten zu finden sind und oft eine Sehnsucht bleiben. Das liegt vor allem daran, dass jeder auf seine Weise in seinen ganz persönlichen Alltag eingebunden ist, der ihm, was die zeitliche Gestaltung des Tages angeht, nicht wirklich viel Spielraum lässt. Für gewöhnlich ist er auch noch vollgestopft mit Pflichten, die erledigt, Terminen, die eingehalten, und Gesprächen, die geführt werden müssen. Da bleibt am Ende einfach kein Platz mehr, um sich zurückzuziehen, in die Stille zu gehen, zu meditieren und sich mit sich selbst zu beschäftigen. Oft genug fällt man dann am Ende des Tages einfach nur ins Bett und ist froh, wenn man den Kopf soweit freibekommt, dass man schlafen kann.

Viele Menschen plagt in solchen Momenten ein schlechtes Gewissen, weil sie Ruhe und Stille so gern in ihren Alltag integrieren möchten, es aber einfach nicht schaffen, den Freiraum dazu zu finden. Und nicht selten erscheint dann die Sehnsucht nach der Stille als eine weitere Pflicht, der man – wie so vielen anderen – nicht nachgekommen ist.

Ganz anders sieht es aus, wenn man zu einer Veranstaltung geht oder ein Seminar über mehrere Tage besucht, denn diese Zeiten sind an sich schon aus dem Alltag herausgehoben und etwas Besonderes, das man eben nicht jeden Tag erlebt. In den allermeisten Fällen sind solche Veranstaltungen auch nichts, was man spontan besucht, sondern ein Termin, den man mit einigem zeitlichen Vorlauf ausgesucht hat, weil einen das Thema angesprochen hat oder weil man ein Bedürfnis nach einer solchen »besonderen« Zeit verspürt. Dann ist man meistens auch bereit, sich auf das Besondere einzulassen: die Stille, die Einsamkeit, das Für-sich-Sein. Und genau darin besteht das Problem, wenn die Tagung, der Vortrag vorbei ist: Das, was ich dort gehört habe, hat, wenn ich montagmorgens aufstehe, keinen Ort in meinem Leben. Es bleibt eine Sehnsucht, die ich nicht erfüllen kann. Und auch hier plagt viele dann ein schlechtes Gewissen, weil sie das, was sie gerne tun, oder das, was sie tun »sollten«, nicht tun oder nicht tun können.

Wenn ich mich auf die Suche nach mir selbst, nach meiner Spiritualität, nach meinem Glück mache, dann braucht diese Suche aber einen Platz in meinem Alltag. »Auszeiten« sind wichtig, und sie unterstützen diesen Prozess auch, aber sie werden uns nichts helfen, wenn wir sie als Muss in unserem Leben verstehen oder sie nur alle paar Wochen oder Monate wieder aufnehmen, wenn wir es schaffen, uns Zeit dafür zu reservieren. Viele Menschen erfahren auch, dass die Fragen, die sich ihnen im Prozess dieser Suche stellen, viel zu drängend sind, um sie zu verschieben oder sich nur zu besonderen Zeiten damit auseinanderzusetzen. Und gerade darauf gibt Teresas Satz eine Antwort: »Muss man denn Flügel haben, um auf die Suche nach sich selbst zu gehen? Man braucht sich nur in die Einsamkeit zu begeben.«

Wie schon in der Einleitung erwähnt: Ich glaube, dass aus Teresas Spiritualität einerseits ein unglaublicher Sinn für die Realität spricht und dass sie uns anderseits gerade heute etwas vermitteln kann, was wie Balsam auf unsere Seele ist, weil es uns entlastet, auch in dieser Hinsicht. »Muss man denn Flügel haben, um auf die Suche nach sich selbst zu gehen?« Flügel haben, fliegen können, sich und die Welt von oben betrachten: Teresa spricht hier von großen menschlichen Sehnsüchten, die, gerade für die Menschen ihrer Zeit, beinahe unerfüllbar sind – so wie die Sehnsucht nach Ruhe und Stille für uns heute. Sie meint jedoch: Das ist gar nicht nötig! Ich brauche diese Flügel, diese ganz besonderen Zeiten nicht, um mich auf die Suche nach mir selbst zu machen. Es braucht nicht das herausgehobene Ereignis, ich muss auch nicht in irgendwelche Fernen reisen, um mich dort zu suchen. »Man braucht sich nur in die Einsamkeit zu begeben«, sagt Teresa.

Für sie gehörte die Einsamkeit, das Alleinsein, die Stille, das Schweigen zu ihrem Alltag als Nonne. Es war für sie selbstverständlich und vor allem ohne große Hilfsmittel, ohne besonderen Aufwand zu erreichen. Sie konnte in ihre Zelle gehen, um allein zu sein, oder auch in den Klostergarten oder in die Kirche. Und damit verbunden war nicht unbedingt, dass sie müßig und in Kontemplation versunken auf einer Kirchenbank saß, das ging auch, während sie beispielsweise Kartoffeln schälte oder Unkraut jätete. Oder stickte, nähte, betete. Diese Art der Einsamkeit ist auch für uns Menschen heute eine Möglichkeit, die wir oft mehrmals am Tag haben. Vielleicht nicht beim Sticken oder Nähen, aber beim Zähneputzen und Kochen, beim Staubsaugen, im Bus, in der Bahn, im Auto.

Vielleicht wird aber an einem anderen Satz von Teresa noch deutlicher, was sie meint und uns heute vielleicht noch mehr betrifft: »Es ist sehr nützlich (...), dass jeder entsprechend seiner Situation versucht, sich der Dinge und der Geschäfte zu entledigen, die nicht nötig sind. Das ist von so großer Wichtigkeit, dass ich es für unmöglich halte, jemals die wesentlichen Stufen zu betreten, ohne damit zu beginnen.« Stille und Einsamkeit gibt es in unserem Alltag eigentlich häufiger, als wir uns das oft bewusst machen. In unzähligen Artikeln und

Büchern ist immer von »unserer lauten Zeit« die Rede, in der jeder permanent irgendwelchen Geräuschen und Sinneseindrücken ausgesetzt ist. Sicher hat das gegenüber früher zugenommen, sicher ist man heute ganz anderen Einflüssen ausgesetzt, vor allem unsere Ohren. Aber wenn Sie einmal darüber nachdenken: Sind es nicht auch ganz oft die vielen Stimmen in unserem Kopf, die diesen Lärm erzeugen, die permanent auf uns einreden: »Du musst noch ...« – »Und dann solltest du noch ...« – »Hast du daran gedacht, dass ...« – »Und morgen, und übermorgen, nächste Woche ...«.

»Sich der Dinge und Geschäfte zu entledigen, die nicht nötig sind« – darunter verstehe ich, dass ich in vielen Situationen erst einmal die Stimmen in meinem Kopf zum Schweigen bringe, die mir ständig vorhalten, was ich noch alles tun müsste oder sollte, egal ob in der nächsten Minute oder nächstes Jahr um die gleiche Zeit. Für mich steckt darin die Aufforderung, Prioritäten zu setzen und das Wichtige vom Unwichtigen zu trennen, das Eilige von dem, was noch Zeit hat, das, was jetzt gleich und unbedingt erledigt werden muss von dem, was ich getrost erst einmal vergessen kann. Dann wird es mit Sicherheit schon einmal ein bisschen leiser in meinem Kopf.

Manche Menschen ertragen keine Stille. Sie nutzen Radio, Fernsehen und Computer dazu, um sie zu füllen, sobald sich auch nur die Möglichkeit ergibt, dass es einmal still werden könnte. Oft sind aber die Stimmen in unserem Kopf, die von den Sorgen und Nöten und dem allgegenwärtigen

Stress reden, nichts anderes als diese »Stillefüller«, außer dass sie nur für uns hörbar sind und für andere vielleicht ablesbar an unserem gehetzten Gesichtsausdruck. Und egal, ob ich das Radio laufen lasse oder auf die Stimmen in meinem Kopf höre: Es geht immer darum, die eine Stimme, meine eigene, die mir etwas über mich selbst sagen möchte, zu übertönen oder erst gar nicht zu Wort kommen zu lassen. Wir fürchten uns vor dem, was in der Stille laut wird.

Manche Menschen haben sogar noch eine ungewöhnlichere Methode, ihre eigene innere Stimme zu übertönen: Sie »schreien« sie sozusagen selbst an. Wie das geht? Indem sie sich intensiv mit Spiritualität und den Möglichkeiten beschäftigen, sich auf die Suche nach sich selbst zu machen. Die einen probieren dabei jeden neuen Trend, jede neue Methode aus. Sie haben schon »Kloster auf Zeit« gemacht, waren in Santiago de Compostela, zum Fastenwandern auf Korsika, haben die Veranstaltungen von Tich Nhat Hanh und dem Dalai Lama besucht und die Kurse zu meditativem Tanz. Wenn man neben ihnen sitzt, erzählen sie von all diesen Erfahrungen und zeigen einem die Amulette, Kreuze und Fußkettchen, die sie seitdem am Körper tragen und nicht mehr ausziehen, weil sie ihre Glücksbringer sind. Sie kennen die Namen aller wichtigen spirituellen Autoren und haben deren Werke gelesen, aus denen sie auswendig zitieren können. Sie setzen einem haarklein ihren Tagesablauf auseinander, der vom Morgengebet bis zur Fußwaschung am Abend reicht, und versichern lebhaft, dass das Beten, ob nun mit Worten oder dem Körper, ihr Leben und sie selbst völlig verändert habe. Sie lächeln wissend und milde, wenn man von den eigenen Zweifeln und Fragen erzählt, und sagen dann: »Das kenne ich, aber darüber bin ich jetzt hinaus. Ich spüre, dass ich spirituell ein gutes Stück gewachsen bin.«

Teresa würde vielleicht über sie sagen, was sie ebenfalls in ihrem Buch »Die innere Burg« schreibt: »Es gibt Menschen, die so krank und aus Gewohnheit so sehr mit Äußerlichkeiten beschäftigt sind, dass ihnen nicht zu helfen ist; es sieht so aus, als seien sie unfähig, in ihr Inneres einzutreten, weil sie die Gewohnheit, sich immer nur mit dem Ungeziefer und dem Viehzeug auf der Ringmauer abzugeben, schon so fest im Griff hat, dass eine solche Seele fast schon wie dieses geworden ist; und obwohl sie von Natur aus so reich wären und sich mit niemand Geringerem als Gott abgeben könnten, ist ihnen nicht zu helfen.«

Für diese Art von Menschen ist die spirituelle Suche so etwas wie für andere Golfspielen: Es geht darum, ein immer niedrigeres Handicap zu erreichen, also irgendwelche vermeintlichen Stufen zu erklimmen, an deren Ende man sich selbst gefunden hat. Jede spirituelle Erfahrung steht dabei für eine Stufe, und natürlich ist der, der höher steht, auch näher am Ziel und besser als der Anfänger. Solche Menschen bleiben bei den Äußerlichkeiten, wie Teresa sie nennt. Sie sind trotz all ihrer Erfahrungen »unfähig, in ihr Innerstes einzutreten«, weil sie Spiritualität als Wettbewerb verstehen. Sie glauben, dass das Ziel ist, den Weg zu sich selbst gefunden zu haben, merken aber nicht, dass sie diesen Weg gar nicht gehen wollen. Ihr Ziel ist Anerkennung und Ansehen bei anderen, nicht aber, sich selbst kennenzulernen.

Das gilt auch für Menschen, die glauben, sie müssten nur möglichst viel und intensiv beten, dann würden sie von alleine dieses Ziel erreichen. Sie meinen, es sei so eine Art »Handel«, den man mit Gott eingehen könnte: Wenn ich so viel bete und das für dich tue, dann kannst du mir auch das Glück und die Zufriedenheit mit meinem Leben schenken, die ich mir wünsche. Teresa fasst das so in Worte: »Einige sind der irrigen Meinung, das Wesen des vollkommenen Gebetes bestehe im Denken. Wenn diese ihre Gedanken selbst mit großer Anstrengung auf Gott gerichtet halten können, meinen sie gleich, sie seien schon geistig gehoben; werden sie aber gegen ihren Willen zerstreut, selbst wenn sie sich mit guten Dingen befassen, so werden sie ganz trostlos.«

Das ist so ein bisschen wie damals als Kind: »Lieber Gott, wenn ich jeden Abend zu dir bete, dann bekomme ich auch Weihnachten diesen Kaufladen, den ich schrecklich gerne haben will, abgemacht?« Sie wollen Gott mit ihrem Tun zu etwas zwingen, weil sie vermeintlich etwas für ihn tun. Das gibt ihnen das Gefühl, das, was sie sich so sehr wünschen, selbst machen zu können beziehungsweise dass ihr Tun, ihr Beten einen unmittelbaren Einfluss darauf hat, ob sie bekommen, was sie möchten.

Ich will damit nicht sagen, dass spirituelle Erfahrungen oder das Beten keine Wege sind, um sich selbst zu erkennen. Das Gehen dorthin ist so unterschiedlich wie die Menschen selbst, und jeder muss seine ganz eigene Spur finden. Dabei können dem einen spirituelle Erfahrungen wie eine Wanderung nach Santiago helfen, dem anderen das Beten und Meditieren. Wenn beides jedoch zum Selbstzweck wird, verwechselt man das Ziel mit dem Weg dorthin.

Wie erreicht man nun aber dieses Ziel? Indem man bereit ist, sich auf einen sehr steinigen Weg zu machen, der zunächst oft erst einmal bergab, manchmal in nie geahnte Tiefen führt statt bergauf in irgendwelche lichten Höhen. Den Einstieg zu diesem Weg findet man, wenn man tatsächlich einmal alle Stimmen zum Schweigen bringt, ob das nun die sind, die aus dem Radio tönen, oder die, die im eigenen Kopf die Sorgen und Verpflichtungen aufzählen; die, die von Kanzeln und Podesten zu uns sprechen, oder die, die in Rosenkränzen und Mantras laut werden. Dann, wenn alle Stimmen schweigen, gilt es, noch eine weitere Entscheidung zu treffen: Will ich das hören, was dann in der Stille laut wird? Will ich mich wirklich finden? Bin ich bereit, diesen Schritt zu wagen? Wenn ich diese Frage mit »Ja« beantworte, bin ich bereits den ersten Schritt gegangen und habe einen großen Schritt auf das Ziel hin getan. In Teresas Worten: »Suche Gott, und du wirst ihn finden.«

Der erste Satz, den unsere eigene Stimme in uns spricht, vielleicht auch nur ganz leise oder im Flüsterton, wird sein: »Schau in den Spiegel.« Sind Sie bereit für den unverstellten, ehrlichen Blick auf sich selbst?

Kennen Sie diese Stimmen, die Ihnen sagen, was Sie noch alles tun und lassen müssen? Was flüstern sie Ihnen?

Was könnten Sie in sich »zum Schweigen« bringen, das heißt, welche Dinge sind gerade wirklich wichtig für Sie, welche nicht?

Haben Sie eine Idee, was Ihnen Ihre eigene Stimme sagen könnte, wenn es Ihnen gelingt, sie hörbar zu machen?

Aufbruch

»Es ist absurd zu glauben, wir könnten den Himmel betreten, ohne zuerst unsere Seelen zu betreten«

SELBSTERKENNTNIS – DER BLICK IN DEN SPIEGEL

»Erkenne dich selbst« – diese Aufforderung, die der Überlieferung nach schon die Besucher des Orakels von Delphi begrüßte, gehört meiner Ansicht nach zu den schwierigsten Kapiteln im Leben eines Menschen.

Kinder fragen sich nicht, wer sie sind – sie *sind* einfach sie selbst. Und wenn sie sich verstellen, wenn sie eine Rolle spielen, dann merkt man es ihnen in den meisten Fällen sofort an. Je älter Kinder werden, desto mehr bekommen sie zu spüren, dass sie nicht nur sie selbst sein können, sondern dass man zunehmend Erwartungen an sie hat, wer sie zu sein haben. Das beginnt bei den Eltern und setzt sich fort in den Lehrern und Ausbildern, denen man begegnet, bis man einen Beruf ergreift. Hier sind es die Vorgesetzten, aber auch die Kollegen und die Kunden (und wenn man Lehrer wird, wiederum die Schüler und die Eltern), mit denen man jeweils zu tun hat und die bestimmte Ansprüche haben.

In der Pubertät fragen sich die meisten Heranwachsenden dann nicht mehr nur: »Wer bin ich?«, sondern vor allem: »Wer will ich sein?« Denn neben den Lehrern, Eltern und Ausbildern spielen vor allem die Freunde, der Freundeskreis nun eine große Rolle. Man möchte dazugehören, einer bestimmten Clique angehören, weil man sich dann akzeptiert fühlt, angenommen als der, der man ist – oder vorgibt zu sein. Ich möchte nicht über »die Jugend« schimpfen, das haben all die Menschen zu allen Zeiten getan, die vergessen haben, dass sie selbst einmal jung waren. Das heißt nicht, dass man alles gutheißen muss, was heute unter Jugendlichen »in« ist oder dazugehört, damit man selbst dazugehört, aber in irgendeiner Ausprägung hat es das immer gegeben, und jede vorangehende Generation stand dem unverständig gegenüber. Oft ging es um nichts anderes, als sich gegenüber der Elterngeneration abzusetzen, einfach anders zu sein, eben weil man nicht so sein wollte wie sie. Das ist heute noch immer so. Schwierig wird das Ganze erst, wenn Menschen aus dieser vorübergehenden Phase nicht wieder herausfinden und ihr ganzes Leben lang darin gefangen bleiben. Und es nicht bemerken.

»Erkenne dich selbst« – Aber wie stelle ich zunächst überhaupt einmal fest, dass ich nicht ich selbst bin? Ich habe dieses Kapitel mit »Der Blick in den Spiegel« betitelt. Die meisten Frauen kennen ihr Spiegelbild ziemlich gut. Nicht nur das ihres Gesichts, sondern meistens auch das ihres ganzen Körpers. Und wenn sie mutig sind oder allein, das ihres nackten Körpers, sogar aus der Rückansicht. Dann sind ganz schnell die Stimmen wieder da, von denen oben die Rede war: »Ich sollte mal wieder zum Sport gehen« – »Ich sollte mal wieder mehr auf meine Ernährung achten« – »Ich sollte meine Haut mehr pflegen und aufhören mit dem Rauchen, wie sehe ich denn aus?« Viel schneller als die eigene Schönheit entdecken die meisten Frauen das, was an ihnen hässlich ist – oder was sie für hässlich halten: hier eine Falte, dort ein bisschen Speck zu viel, da eine Delle im Oberschenkel, hier ein Haar an einer Stelle, wo keines hingehört. Überlegen Sie einmal: Wann haben Sie das letzte Mal in den Spiegel geschaut und gedacht: Wow, heute sehe ich richtig gut aus!

Doch auch Männer sehen in den Spiegel. Bei vielen wird das sich morgens nach dem Aufstehen im Bad mit dem bekannten Spruch erledigen: »Kenn ich nicht, wasch ich nicht.« Aber der »Spiegel«, in den Männer kritisch schauen, hängt oft an einer ganz anderen Stelle: am Arbeitsplatz, in der Öffentlichkeit. Sie stellen ihrem Spiegel auch andere Fragen als Frauen: »Spieglein, Spieglein an der Wand, wer ist der Erfolgreichste im ganzen Land?« Und erfolgreich ist ein Begriff, der nicht nur für die berufliche Karriere – wenn auch in erster Linie – gilt: Habe ich angemessenes Ansehen unter meinen Geschäftspartnern und Freunden? Habe ich die richtigen Statussymbole? Habe ich die richtige Frau an meiner Seite, stelle ich etwas dar bei den Menschen, bei denen mir das wichtig ist? Dieser Spiegel, den sie sich selbst vorhalten, ist oft ebenso kritisch wie der von Frauen und findet sie zu unmännlich, zu »soft«, zu erfolglos.

Letztlich sind die Stimmen, die uns angesichts unseres Spiegelbildes zuflüstern, was alles *nicht* an uns stimmt, nichts anderes als die gebündelten Erwartungen, die vielleicht irgendwann andere an uns hatten. Wir haben sie dann über die Zeit so verinnerlicht, dass sie zu unseren eigenen Erwartungen und Ansprüchen an uns selbst geworden sind. Sie sind das, was wir gerne sein möchten – in dem Sinn, dass wir uns ein Ideal von uns selbst »zurechtgebastelt« haben, dem wir nun unser ganzes Leben lang nachlaufen, das wir erfüllen möchten. Und das unterscheidet sich nicht wesentlich davon, was Jugendliche tun, wenn sie eine Clique gefunden haben, zu der sie gehören möchten: Sie ziehen sich so an, wie »man« das dort tut, sie verhalten sich nach dem Codex, der in der Gruppe herrscht – ob das nun Hardrock hören oder Drogen konsumieren ist –, sie vertreten die Meinungen, die alle vertreten. Als Erwachsener ist dann der Dresscode ein anderer, aber eben doch ein Code, ebenso wie das Verhalten einen Codex kennt: »Man« weiß genau, was »man« tut und nicht tut, und auch, welcher Meinung »man« zu sein hat.

Bei Erwachsenen gibt es dann manchmal diese Gruppe gar nicht mehr, nach deren Verhaltensregeln sie sich verhalten. Aber es gibt sie in ihren Köpfen, und sie ist beinahe noch restriktiver, als

Jugendliche das sein können. Sie erlaubt keine »Fehltritte« und kein Anderssein. Manchmal ist dieses Verbot beschränkt auf die eigene Person. Dazu ein Beispiel: Ich habe eine Freundin, die ständig putzt und wäscht. Alles muss immer perfekt sauber sein, die Wohnung jeden Tag gestaubsaugt, das Bad mit Desinfektionsmittel abgerieben werden. Wenn ich ihr erzähle, dass das bei uns nicht so ist und ich auch abgesehen von der Zeit gar keine Lust habe, das jeden Tag zu tun, dann ist das für sie kein Problem. »Hast ja auch recht, das muss man nicht jeden Tag tun. Ich fühle mich dann nur wohler«, sagt sie. Und es ist nicht so, dass sie dann bei uns nichts isst oder sich nicht traut, auf einem Stuhl zu sitzen. Ihre Prinzipien für sich selbst gelten also nicht für andere. Im schlimmsten Fall ist das aber so, und dann wird die eigene Art zu leben zur einzig richtigen. Solche Menschen wissen genau, was »man« tut und was nicht, und sie wollen auch allen ihren Mitmenschen vorschreiben, nach diesen Regeln zu leben.

Hierzu zählt vielleicht auch der zweite Blick in den Spiegel, der sozusagen die »Rückseite« von dem ist, den ich oben beschrieben habe. Bei diesem Blick sieht der Betrachtende im Spiegel den einzigen aufrichtigen Menschen, den es in seiner Umgebung gibt. Er findet sich perfekt, so wie er ist, weil er es schafft, sich an alle Normen zu halten, die er selbst für sein Leben aufgestellt hat.

Dazu noch eine Geschichte, die ich selbst erlebt habe: Ich wollte im Supermarkt nach der Arbeit eigentlich nur schnell zwei Zutaten zum Kochen einkaufen, aber wie so oft fielen mir in den Gängen noch ein paar Dinge ein, die zu Hause auch ausgegangen waren, und weil ich mir keinen Einkaufswagen genommen hatte, stand ich dann mit einem ziemlich vollen Arm an der Kasse und bemühte mich, nichts fallen zu lassen. Hinter mir hörte ich schon die ganze Zeit über das missbilligende Schnaufen einer Dame, die sich außerdem immer näher an mich herandrängelte. Offensichtlich hatte sie es eilig. Als ich nach dem Bezahlen die Einkäufe in meiner Plastiktüte verstauen wollte, passte natürlich nicht alles hinein. Also hing ich mir das Netz Kartoffeln an den kleinen Finger und versuchte, den Rest unterzubringen. Da die Dame weiterhin so drängelte, beeilte ich mich wohl ein bisschen zu viel, und so segelten eine Packung Tee und diverse andere Kleinigkeiten auf den Boden. Da keifte die Dame hinter mir los: »Das hätte ich Ihnen gleich sagen können, dass das mit den Kartoffeln nicht funktioniert! Aber vielleicht sollten Sie beim nächsten Mal erst mal denken und dann einpacken!« Und glauben Sie nicht, dass sie irgendwelche Anstalten machte, sich nach dem Heruntergefallenen zu bücken.

Solche Menschen wissen genau, wie Leben »richtig« geht. Allerdings ist das auch der einzige Weg, den sie akzeptieren. Sie verabscheuen solche, die anders denken, anders handeln – denn es gibt nur ein Richtig und ein Falsch, nur Schwarz oder Weiß, weder Zwischentöne noch andere Ansichten. Denn andere Ansichten zu akzeptieren hieße, dass die eigene Ordnung ins Schwanken geriete.

Es würde ja bedeuten, dass es für ein Problem mehrere Lösungen gibt, dass es zu einem Sachverhalt mehrere Meinungen geben kann, die alle gleich richtig und gleich falsch sind. Diese Menschen brauchen aber Eindeutigkeit, um nicht aus der Bahn zu geraten, um die Kontrolle über ihr Leben nicht zu verlieren, die sie mühsam errungen haben und jeden Tag wieder erringen.

Und noch ein weiterer Typ Mensch gehört zu dieser Art von »Spiegelgucker«. Dazu auch eine kleine Geschichte: Ein Bischof geht im vollen Ornat in die Kirche, stellt sich in die erste Reihe, rauft sich die Haare und schreit laut: »O Herr, bitte vergib mir, ich bin so ein schrecklicher Sünder! Aber eigentlich bin ich es nicht wert, dass du dich meiner erbarmst.« In diesem Moment tritt ein Mann in die Kirche, der einen ausgebeulten Anzug trägt. Er ist unrasiert und offensichtlich ziemlich verkatert. Er kniet sich in die letzte Reihe, beugt seinen Kopf und sagte halblaut: »Herr, ich bin ein großer Sünder. Bitte vergib mir.« Da dreht sich der Bischof um, sieht den Mann geringschätzig an und meint: »So! Sieh mal einer an, wer sich da für einen Sünder hält!«

Es zählen also nicht nur jene dazu, die sich für besonders gut, sondern auch die, die sich für besonders schlecht halten, darin aber die Besten sein wollen. Letztlich steckt jedoch das Gleiche dahinter: In ihrer »Schlechtigkeit« überheben sie sich genauso wie die, die sich für die einzig Aufrichtigen halten, über die übrigen Menschen. Sie glauben, sie seien etwas Besseres.

»Erkenne dich selbst« – Wie komme ich aber nun von all dem zu wirklicher Selbsterkenntnis? Ich nenne es den »dritten Blick in den Spiegel«, und ich halte ihn für den schwersten, denn er ist schmerzhaft. Zudem ist er erst möglich, wenn ich, wie oben beschrieben, die Stimmen um mich herum und in mir zum Schweigen gebracht habe, wenn ich Stille gefunden habe und bereit bin, einmal *wirklich* hinzuschauen, ohne mich gleich zu verurteilen oder mich uneingeschränkt toll zu finden. Dieser Blick bedeutet, dass ich mich – vielleicht zum ersten Mal – sozusagen völlig »ungeschminkt« betrachte.

Vollständig heißt der Satz von Teresa, der diesem Kapitel den Namen gab, folgendermaßen: »Es ist absurd zu glauben, wir könnten den Himmel betreten, ohne zuerst unsere Seelen zu betreten, ohne uns selbst zu erkennen und über die Erbärmlichkeit unserer Natur nachzudenken und was wir Gott verdanken und ohne fortwährend um seine Gnade zu bitten.«

»Ohne uns selbst zu erkennen und über die Erbärmlichkeit unserer Natur nachzudenken« – was kann das heißen? Dazu zählt, dass ich mir beispielsweise eingestehe, dass ich tatsächlich ein paar Kilo zu viel auf den Hüften habe, weil ich eben keinen Sport gemacht und zu viel gegessen habe. Dass ich keine Modelkarriere machen werde, weil ich einfach keine eins achtzig groß bin und keine schlanken Beine habe, selbst wenn ich mich noch so abquäle mit Fahrradfahren und wer weiß was. Dass es zwecklos ist, mich bei irgendeiner Castingshow zu bewerben, weil ich nun mal unmusikalisch bin. Dass mein Kollege verdient die höhere Stelle bekommen hat, weil er für diesen Job einfach besser geeignet ist als ich. Dass ich putzen *muss* und nicht will, weil meine Mutter mir das so eingebläut hat, dass ich es inzwischen selbst für wahr halte. Ich denke, diese Liste ließe sich individuell fortsetzen.

Es geht nicht darum, sich wiederum schlecht zu machen, alles das aufzuzählen, was ich nicht kann, nicht bin. Vielmehr geht es um Ehrlichkeit sich selbst gegenüber: Wie bin ich wirklich? Wer bin ich wirklich? Denn meistens lügen wir unsere Mitmenschen ja nicht absichtlich an. Wir glauben das, was wir ihnen über uns und unsere Lebenseinstellung erzählen. Nur manchmal, dann »zwickt« es irgendwo, und wir können uns nicht »kratzen«, weil wir nicht herausfinden, wo es denn »zwickt«. Wir spüren dann: Irgendwas stimmt nicht. Irgendwas fehlt oder ist falsch. Dieses Gefühl kann uns über Jahre begleiten, bis wir endlich seine Ursache finden.

Ehrlich zu sich selbst zu sein, das tut ganz oft schrecklich weh. Diese Erfahrung habe ich auch gemacht. Damals war ich seit einiger Zeit ohne Partner und mein Job jeden Tag wie ein Spießrutenlauf. Wenn mich jemand fragte, sagte ich: »Och danke, der Job macht keinen Spaß, aber sonst geht's mir gut. Ich genieße es, auch mal allein zu sein, so ganz unabhängig.« Das war nicht gelogen – jedenfalls manchmal. Aber wenn ich ganz ehrlich zu mir war, fühlte ich mich schrecklich allein. Und ich hatte das Gefühl, dass mich die Arbeit kaputt macht. Als ich mir all das endlich einmal schonungslos eingestanden hatte, fiel ich sozusagen in ein »Loch«. Ich sah zum ersten Mal ein, dass es mir überhaupt nicht gut ging und dass ich etwas ändern musste, um wieder Spaß am Leben zu finden. Ich ließ aber auch zum ersten Mal zu, dass es mir nicht gut ging. Ich funktionierte einfach nicht mehr, ließ mich krankschreiben und versuchte auch nicht mehr, alles schönzureden. Ich lebte meine Einsamkeit, meine Trauer, meine Einsicht, dass ich gerade untröstlich war.

Das dauerte ein paar Tage, und es kam mir vor, als sei ich in dieser Zeit in der Wüste umhergezogen: In mir brannte die Trauer um all das, was ich tatsächlich verloren hatte, aber auch um das, was ich mir für mein Leben vielleicht vorgestellt hatte und von dem ich mich nun verabschieden musste. Ich weinte um das »ungelebte Leben«, um die Möglichkeiten, die ich vielleicht gehabt hätte, aber nicht genutzt hatte. Ich fühlte mich, als hätte mich innerlich jemand mit Sand abgerieben, so wund war meine Seele. Mir tat alles weh, ich konnte nichts essen und verbrachte die meiste Zeit im Bett. Nachts fror ich vor innerer Kälte und Einsamkeit.

Ich verabschiedete mich damals von sehr vielem, an erster Stelle von dem Bild, das ich mir von mir selbst gemacht hatte: eine starke Frau zu sein, die nichts umwirft, die mit allen Lebenslagen klarkommt. Aber das war nicht so, ich konnte das alles nicht einfach wegstecken. Ich musste es anschauen, im Spiegel mich selbst betrachten – und es dann loslassen.

Teresa schrieb einmal: »Wenn wir uns nicht entschließen, Krankheit und Tod hinzunehmen, so werden wir nie etwas erreichen.« Ich glaube, dass das ein Satz ist, der vielen Menschen heute weiterhelfen könnte, denn ich treffe so häufig auf Menschen, die genauso denken wie ich damals: Ich bin stark, ich habe alles im Griff, ich werde nicht krank, schon gar nicht gemütskrank. Gerade Männer neigen dazu, ihren Körper und ihre mentalen Kräfte als so etwas wie »Sklaven« zu betrachten, die ihnen zu Diensten zu sein haben. Sind sie es nicht, dann weigern sie sich, die Krankheit anzuerkennen, und befehlen ihnen, weiter zu funktionieren, und werden stinkwütend, wenn sie sich ihnen verweigern.

Der »dritte Blick in den Spiegel« bedeutet für mich auch, zuzugeben, dass meine Kräfte begrenzt sind, dass ich nicht unsterblich und unverwundbar bin, dass ich gerade auch am Arbeitsplatz ersetzbar bin. Hat man diese Tatsache akzeptiert, dann entlastet sie ungemein, weil man sich plötzlich nicht mehr für alles, was passiert, verantwortlich fühlt. Man kann plötzlich wirklich entspannen, weil man sich eingesteht: Ja, ich kann nicht mehr. Hier ist jetzt Schluss. Jetzt brauche ich Hilfe und einen Ersatz, der die Arbeit tut, die sonst liegenbleibt. Oder sie bleibt eben liegen, und dann kann ich es auch nicht ändern, weil ich nicht mehr dafür verantwortlich bin.

Ähnliches gilt für so viele andere Bereiche, in denen wir Illusionen nachlaufen, uns selbst belügen und Unmögliches von uns verlangen. Bei Teresa fand ich treffende Worte für diese Erfahrung: »Ich habe euch schon an anderer Stelle gesagt, dass der Böse uns manchmal heftige Sehnsüchte eingibt, damit wir nicht an das, was in unserer Hand liegt, Hand anlegen, um unserem Herrn in dem, was uns möglich ist, zu dienen, sondern uns damit zufriedengeben, Unmögliches ersehnt zu haben.«

Es kam mir vor, als hätte ich das erkannt: dass so vieles an Möglichkeiten vor mir liegt und ich meine Zeit nicht damit vergeuden sollte, den Unmöglichkeiten nachzuhängen. Oder vielmehr mich mit den Unmöglichkeiten zufriedenzugeben. Denn das heißt für mich auch, den »dritten Blick« in den Spiegel zu wagen: zu einem neuen Weg aufzubrechen. Wiederum nicht stehenbleiben, sondern aus dem schonungslosen Blick auf mich selbst Konsequenzen zu ziehen und einen neuen Weg zu gehen.

Zwei Dinge sollte man sich als »Proviant« in die Hosentaschen stecken, bevor man aufbricht: Die eigenen Schwächen einzusehen und vor allem einzugestehen ist eins. Um aber nicht im Selbstmitleid zu versinken oder nur noch darüber zu jammern, was mir nie möglich sein wird, weil ich irgendetwas *nicht* bin und *nicht* habe, brauche ich meine eigene Akzeptanz. Wenn ich sagen kann: Ja, das bin ich. Ich bin nicht perfekt, ich habe eine zu große Nase, und meistens bin ich ziemlich unpünktlich, und kochen kann ich auch nicht, aber das bin ich. Und ich bin gut so, wie ich bin. Das heißt nicht, dass ich mich jetzt nicht mehr bemühe, beim nächsten Mal doch pünktlich zu sein, oder mal einen Kochkurs besuche, aber dann muss ich mich nicht mehr selbst tadeln, dass ich irgendwas nicht geschafft habe oder meinem Idealbild von mir mal wieder nicht gerecht geworden bin. Ich kann dann beispielweise ehrlich zu den Wartenden sagen: »Sorry, ich weiß, ich bin schon wieder zu spät. Wenn ihr auf mich warten musstet, tut mir das leid.« Dann muss ich mir aber auch keine Geschichte ausdenken, dass die Bahn zu spät kam und so viele Menschen unterwegs waren, denn sonst wäre ich ganz bestimmt rechtzeitig am vereinbarten Treffpunkt gewesen. Ich weiß, dass ich diese Schwäche habe, aber ich akzeptiere es und stehe dazu.

Und das Zweite, was man als Proviant für den neuen Weg braucht, ist der Mut, den eigenen Weg zu gehen, sich ein Herz zu fassen und tatsächlich etwas ändern zu wollen. Teresa sagt es so: »Wenn wir immer im Elend unserer Erde stecken bleiben, wird die Strömung nie aus dem Schlamm der Ängste, des Kleinmuts und der Feigheit herauskommen, aus dem Schauen, ob man auf mich schaut oder nicht auf mich schaut; ob es, wenn ich diesen Weg einschlage, danebengehen wird …«

Natürlich besteht noch immer die Möglichkeit, dass man auf dem Weg scheitert, dass etwas schiefgeht, dazwischenkommt, die Pläne umwirft. Aber deswegen nicht aufzubrechen und dort zu bleiben, wo man ist, macht die Wahrscheinlichkeit, dass etwas passiert, nicht geringer. Und es macht die eigene Situation nicht besser. Vor dem »dritten Blick in den Spiegel« war das Hauptziel, das eigene Leben unter Kontrolle zu haben, damit nichts Unvorhergesehenes geschieht. Mit einer Portion Mut in der Tasche brauche ich diese Kontrolle nicht mehr. Ich kann mich einlassen auf das, was mir begegnet, ich kann darauf reagieren und habe es tatsächlich in der Hand, was ich jetzt tue, welche Auswirkungen das Geschehen auf mein Leben hat.

Ein Beispiel: Viele Menschen tragen eine ganze Menge Trauer in ihrem Herzen. Einige haben tatsächlich schon einen Menschen verloren, den sie sehr geliebt haben. Andere trauern um verpasste Chancen, eine Liebe, die zerbrochen ist, oder um zerplatzte Träume. Sie können diese Trauer aber nicht leben, weil sie in ihrem Bild von sich selbst keinen Platz hat. Weinen, Emotionen zeigen, untröstlich sein – das passt nicht zum Bild eines starken Mannes, einer starken Frau. Und auch der Umgang mit Menschen, die diese Trauerreaktionen zeigen, ist nicht einfach. Man geht ihnen lieber aus dem Weg. Daher sind viele damit beschäftigt, die Trauer sozusagen »unter dem Deckel« zu halten. Sie verwenden ihre ganze Kraft darauf, diese Gefühle, die so stark sind, nicht zu zeigen, sich zu »beherrschen«. Das macht sie oft stumm, kühl, distanziert – und einsam.

Menschen, die erfahren haben, wie gut es tut, die eigene Trauer zu leben mit all dem, was dazugehört – weinen, schreien, Wut, Untröstlichkeit –, können auch damit leben. Das meint: Sie müssen nicht ihre ganze Kraft darauf verwenden, sie zu unterdrücken, und lernen daher, dass es nicht mehr so wehtut, wenn man geweint hat, dass der Schmerz weniger wird, dass die Trauer im Leben einen Platz bekommt. Und dass die Trauer einen nicht mehr so überschwemmt und am Leben hindert. Oft reicht die Kraft dieser Menschen sogar noch aus, um anderen davon abzugeben. Sie haben keine Angst vor anderen Trauernden und wissen, wie man mit ihnen umgeht, ohne ihnen wehzutun, und können ihnen daher wirklich beistehen.

Wenn ich zum dritten Mal in den Spiegel geschaut habe, dann habe ich da sicher auch nicht nur das gesehen, was an mir »nicht richtig« oder verbesserungswürdig ist. Fast noch wichtiger und für viele noch schwieriger zu erkennen und zu akzeptieren ist, dass mich von dort ein Mensch anschaut, der viele Talente hat. Der schön ist. Der etwas kann, was sonst niemand kann. Der einmalig ist. Und der sein Leben, wie es jetzt ist, deshalb auch ändern kann, wenn es ihn unglücklich macht. Daher hat der Mut, den ich daraus schöpfe, mir selbst ins Gesicht geschaut zu haben, sozusagen noch einen »Zwilling«, der ihm meist auf dem Fuß folgt: die Bereitschaft, Verantwortung für mich und mein Leben zu übernehmen.

Wenn ich im Guten wie im Schlechten akzeptieren kann, wie ich bin und wer ich bin, dann muss ich auch die Verantwortung für mein Glück oder Unglück nicht mehr auf andere schieben. Dann ist es nicht der Chef, der mich davon abhält, wirklich einmal zu zeigen, was ich kann und wie gut ich in meinem Job bin, sondern es liegt in meiner Hand, die Stelle zu wechseln und mir Menschen zu suchen, die mich eher schätzen. Dann liegt es nicht an den schlechten Lehrern und der Schule, dass ich das Abi nicht schaffe, sondern daran, dass die Lernerei vielleicht nichts für mich ist und ich herausfinden muss, wo meine wirklichen Talente liegen.

Natürlich gibt es Schicksale, in die Menschen völlig unverschuldet geraten und aus denen es keine so simplen Auswege gibt. Es gibt auch ein »Zuviel«, das einem Menschen auf die Schulter geladen wird und das ihm das Kreuz bricht, weil er es nicht mehr tragen kann. Und das Letzte, was ich möchte, ist, diesen Menschen die Schuld für ihr Elend auch noch in ihre eigenen Schuhe zu schieben. Aber es gibt so viele, die in einem »Jammertal« wohnen. Und wenn man sie fragt, warum sie so unglücklich sind, ist es immer die ganze Welt, die schlecht ist und gegen sie. Wenn man ihnen Vorschläge macht, wie es anders und besser werden könnte, haben sie tausend Ausreden, warum das gerade nicht geht. Ich habe oft den Eindruck, sie haben Angst, dass es tatsächlich besser werden könnte – und sie nichts mehr hätten, über das sie jammern oder das sie anklagen könnten. Dann blieben nur sie selbst als Grund für ihr Unglück übrig, und das möchten sie nicht hören.

Ausgerüstet mit einer Hosentasche voll Akzeptanz und der anderen voll Mut, kann ich mich auf den Weg zu mir selbst machen. Jetzt kann ich mich auch darüber freuen, dass so viele andere Menschen mit mir unterwegs sind, auch wenn jeder seinen eigenen Weg geht. Es bringt mich nun nicht mehr durcheinander, dass einer an einer anderen Stelle abbiegt oder an einen ganz anderen Ort möchte als ich. Ich kann ihn lassen – und ihm gute Reise wünschen! Teresa fasst das in Sätze, die einen Ausspruch von Jesus zitieren: »Denn wie es im Himmel viele Wohnungen gibt, so gibt es auch viele Wege dahin. Gott führt nicht alle denselben Weg. Und vielleicht steht gerade derjenige, der meint, er wandle ganz in der Tiefe, sehr hoch in den Augen Gottes.«

Und noch eine weitere Wirkung wird das »leichte Gepäck« haben, mit dem ich dann unterwegs bin: Ich werde endlich nicht mehr das Gefühl haben, dass ich gleich am ersten Tag bis zur Erschöpfung rennen muss, um meinem Ziel möglichst schnell und effektiv näher zu kommen. Ich werde meinen eigenen Schritt finden, und wenn mich jemand überholt, der schneller ist, dann werde ich ihn freundlich grüßen und seine Kondition bewundern – oder ihn vielleicht zum Ansporn nehmen, um zu sehen, was denn in mir steckt, und ihm eine Weile folgen, so gut ich das kann. Ich werde aber nicht mehr das Gefühl haben, als Erster am Ziel ankommen zu müssen, sondern vielleicht auch mal einen Abstecher machen, um die Aussicht zu genießen oder ein paar Stunden im Gras zu schlafen. Der Weg zu mir selbst wird also kein »spiritueller Rennsteig«, sondern mein eigener Weg – und niemandes sonst.

Auch hierzu findet Teresa in ihrem Buch »Die innere Burg« Worte, die gerade uns Menschen von heute entlasten, weil wir neben diesem Weg zu uns selbst auch noch viele weitere Pfade durch unseren Alltag gehen und dabei so manchen Umweg in Kauf nehmen müssen: »Nicht diese gelähmten Seelen wollen wir ansprechen, sondern andere Seelen, die schließlich in die Burg eintreten. Denn mögen sie auch tief in die Welt verstrickt sein, so haben sie doch immerhin Verlangen nach dem Guten und empfehlen sich manchmal, wenn auch nur dann und wann, unserem Herrn und sinnen darüber nach, wer sie sind, wenn auch nicht so bedächtig. Das eine oder andere Mal im Monat sprechen sie auch ihre Gebete erfüllt von tausend Geschäften und gedanklich fast nur damit beschäftigt, weil sie ihnen so verhaftet sind, denn wo ihr Schatz ist, dorthin zieht es auch ihr Herz (Mt 6,21; Lk 12,24); allerdings nehmen sie sich manchmal vor, sich davon zu entledigen; und die Selbsterkenntnis ist ja schon etwas, ebenso die Einsicht, nicht auf dem rechten Weg zu sein, um das Tor zu erreichen.«

Ich finde es immer wieder erstaunlich, wie bodenständig und realistisch Teresa auf die Dinge sieht – und wie sehr sie uns auch heute mit ihren Worten hilft, unserem Perfektionismus etwas entgegenzusetzen und gelassener zu werden. Sie spricht davon, dass eben das *keine* gelähmten Seelen sind, die auch nur den Wunsch danach haben, dass sich etwas in ihrem Leben ändert beziehungsweise dass sie der Suche nach sich selbst – wenn auch nur manchmal – Raum geben. Diese Seelen werden ihrer Ansicht nach in die »innere Burg«, also Gott, eintreten, ihn finden. Wenn das keine schöne Verheißung ist, um den ersten Schritt auf dem Weg zu wagen!

Schauen Sie einmal wirklich Ihr Spiegelbild genau an: Wen sehen Sie? Sind das Sie oder betrachten Sie ein »Bild« von sich?

»Die Tugenden haben die Eigentümlichkeit, dass sie sich vor dem verbergen, der sie besitzt«, sagt Teresa. Welche »Tugenden«, welche Fähigkeiten, welche Schönheiten besitzen Sie? Und wo liegen Ihre Schwächen – ganz ehrlich?

Auf dem Weg

»Tu deinem Leib des Öfteren etwas Gutes, damit deine Seele Lust hat, darin zu wohnen«

DER UMGANG MIT SICH SELBST

Dieser Satz »Tu deinem Leib des Öfteren etwas Gutes, damit deine Seele Lust hat, darin zu wohnen« ist wohl einer der meistzitierten von Teresa von Ávila. Und es ist auch ein wirklich außergewöhnlicher Satz, gerade wenn man ihn im Zusammenhang der Zeit betrachtet, in der Teresa lebte. Geboren 1515 wuchs sie in einer Epoche auf, in der Spanien mit seinem König Karl I., der dann auch Kaiser des Heiligen Römischen Reiches wurde, sozusagen zu einer »katholischen Weltmacht« aufstieg.

Da sich der Kaiser nicht nur als Staatsoberhaupt, sondern auch als »Soldat Gottes« verstand, dienten die Kriege und nachfolgenden Eroberungen vor allem der Ausbreitung des Glaubens und dem Kampf gegen Muslime und »andere Ungläubige«, zum Beispiel die Azteken und Maya in den neu entdeckten Gebieten Amerikas.Von der Toleranz und dem gelebten Miteinander von Christentum und Islam in der vorausgehenden Zeit war mit der Einrichtung der spanischen Inquisition 1478 endgültig nichts mehr übrig. Der katholische Glaube, der nun mit militärischen Mitteln verbreitet wurde, hatte sehr reaktionäre Züge, der oft genug die Menschen, die »bekehrt« werden sollten, vor die Wahl stellte: Taufe oder Tod. Oder erst Taufe, dann Tod.

Der einzelne Mensch spielte bei dieser Auffassung vom Glauben kaum eine Rolle. Gerade in der »Neuen Welt« wurden die Ureinwohner zu Tausenden einfach niedergemetzelt oder, wenn sie sich doch zur Taufe entschlossen, anschließend versklavt und ausgebeutet, bis sie an Entkräftung, Krankheit oder den Misshandlungen der spanischen Eroberer starben.

Das war im »Mutterland« Spanien sicher nicht ganz so extrem, dennoch war auch hier die Inquisition eine Einrichtung, die Menschen oft beinahe willkürlich der Ketzerei verdächtigte und dann hinrichtete. Teresa selbst musste immer wieder gegen solche Verdachtsmomente kämpfen, und oft hatte sie einfach nur Glück, die richtigen Verbündeten oder Fürsprecher zu haben, dass sie diesem Schicksal entgehen konnte.

Insgesamt hatte man zu ihrer Zeit aber auch ein anderes Verhältnis zum Körper als heute. Zunächst einmal war man sehr viel mehr an Schmerzen und Krankheiten gewöhnt. Man arbeitete körperlich hart, und in den meisten Dörfern gab es so gut wie keine medizinische Versorgung. Auch in den Klöstern kannte man zwar die Heilkunst durch Kräuter und andere Pflanzen, war aber wirklich ernsthaften Erkrankungen beinahe schutzlos ausgeliefert. Für ihre Zeit ist Teresa daher ziemlich alt geworden. Sie starb 1582 im Alter von siebenundsechzig Jahren auf einer ihrer Reisen, und das, obwohl sie eigentlich zeit ihres Lebens unter schlechter Gesundheit litt und ihren Körper oft verwünschte, weil er ihr bei ihrer Arbeit und Mission sozusagen im Weg war.

Andererseits propagierte gerade die katholische Kirche in dieser Zeit echte Leibfeindlichkeit. Als eigentliches Ziel des Menschen galt das Jenseits, der Himmel, in den er erst nach dem Tod gelangen konnte. Das Leben hier auf der Erde war nur ein Leben im »Jammertal«, erfüllt von Schmerzen und Krankheit, Hunger und Leid. Der Mensch war beinahe gefangen in seinem Körper, der ihn mit all seinen Bedürfnissen und auch Begierden davon abhielt, sein Ziel zu erreichen, und ihn außerdem noch dazu verführte, der Hölle näher zu kommen als dem Himmel.

Aus diesem Grund machte man sich auch keine Gedanken über so viele ermordete Menschen, gerade in der »Neuen Welt«: Wenn sie getauft waren, hatten sie es mit ihrem Tod sozusagen hinter sich und waren gegenüber den Lebenden eindeutig im Vorteil. Sie konnten ja dann im Himmel bei Gott sein, während der Rest sich noch mit irdischen Dingen herumplagen musste.

Auf diesem Hintergrund hat der Satz von Teresa: »Tu deinem Leib des Öfteren etwas Gutes, damit die Seele Lust hat, darin zu wohnen«, schon beinahe etwas Provokantes. Aber wie in allem anderen vertritt Teresa auch in dieser Beziehung einen Glauben, eine Spiritualität, die dem Menschen zugewandt ist und ihn entlastet.

Wie schon erwähnt: Teresa sah ihren eigenen Körper oft als Last, weil er eben nicht so wollte wie sie. In jungen Jahren war sie sogar mehrere Jahre gelähmt gewesen, hatte aber auch gespürt, dass diese Lähmung nicht nur eine rein körperliche Ursache hatte, sondern eng damit verbunden war, dass sie selbst nicht so recht wusste, wie ihr Leben weitergehen soll und ob die Entscheidung, ins Kloster zu gehen, für sie die richtige war.

Trotz dieses Unmuts, den sie manchmal auf ihren Körper verspürte, war Teresa ein lebensbejahender, fröhlicher Mensch, der die Erde nicht nur als Jammertal betrachtete. Ganz im Gegenteil: Sie blieb ihr Leben lang eine Frau, die vielfältige Freundschaften mit Männern und Frauen pflegte, die gerne lachte, gerne aß, schrieb und las, im Garten arbeitete und ihren Mitmenschen half, wo es ging. Ihr Lebensziel blieb es dabei, mit Gott eins zu werden und, wie sie sagt, »immer mehr seinen Willen zu tun«, aber das verschob sie nicht ins Jenseits, sondern konnte sie schon im Hier und Jetzt erleben. Auch ihren Mitschwestern versuchte sie immer wieder zu vermitteln, dass sie nicht auf die Ewigkeit warten und bis dahin die Hände in den Schoß legen sollten, sondern dass sie nur dieses eine Leben haben, um hier Gottes Willen zu tun, und die Welt dort, wo sie gerade sind, dadurch ein Stück besser machen können: »Christus hat jetzt keinen anderen Leib als euren, keine Hände außer euren. Eure Augen sind es, durch die Christi Erbarmen auf die Welt schaut. Mit euren Füßen geht er umher und tut Gutes. Mit euren Händen will er uns jetzt segnen.« Schon deshalb, weil Christus sozusagen in jedem Menschen wohnt und auch selbst Mensch war, gebührt dem Leib Achtung und Ehre.

Teresa gründete viele Klöster, aber ihre erste Sorge, wenn sie ein neues Haus bezog und mit all der Arbeit begann, die zu einer Klostergründung gehörte, war immer, genügend Stroh herbeizuschaffen, damit die Schwestern einigermaßen bequem und warm schlafen konnten. Ihr war es auch wichtig, dass die Schwestern neben all der Arbeit, die sie als Gemeinschaft verrichten mussten, und der Kontemplation, die zu ihrem Klosterleben gehörte, Zeit fanden, sich körperlich und geistig zu entspannen. Für sie gehörten Kontemplation und Entspannung, Arbeit und Ausruhen unweigerlich zusammen, das eine war für sie ohne das andere nicht denkbar. Und wenn die Schwestern vor die Wahl gestellt waren, dann galt für sie: »Wenn Pflicht und Liebe es verlangen, müssen wir die für Gott reservierte Zeit opfern, während der wir in der Stille an ihn denken und uns an den inneren Erfahrungen freuen wollen ... Wie doch der Herr selbst sagte: ›Was ihr einem meiner geringsten Brüder getan habt, das habt ihr mir getan.‹« Viele Geistliche ihrer Zeit hätten das sicher anders gesehen ...

Nun haben wir heute andere Zeiten: Nahezu alle epidemischen Krankheiten sind (in den westlichen Industrieländern) ausgerottet, unser Körper muss in den allerwenigsten Fällen Schmerzen leiden, und wenn doch, gibt es dagegen in der Apotheke alle möglichen Arzneien.

Nur noch in wenigen Berufen sind wir heute wirklich schwerer körperlicher Arbeit ausgesetzt, und auch das Reisen ist mehr als bequem. Wir müssen nicht mehr auf einem Eselsrücken schwanken oder tagelang zu Fuß durch unwegsames Gelände krabbeln, um von A nach B zu gelangen. Die hygienischen Verhältnisse in Deutschland sind überragend, wir haben so hohe Trinkwasseranforderungen, dass man im ganzen Land unbedenklich das Wasser aus dem Hahn trinken kann. Und unser Körper?

Manchmal ist es geradezu beängstigend, wie sehr unser Körper im Mittelpunkt des öffentlichen Interesses steht. Und damit meine ich nicht nur, dass auf jedem Zeitschriftencover zumindest ein »perfektes Gesicht«, wenn nicht ein ziemlich unbekleideter »perfekter Körper« zu sehen ist, sondern auch solche Dinge wie Krankenkassenwerbungen: »Gesundheit« ist ein Stichwort, mit dem man gerade in Deutschland große mediale Aufmerksamkeit gewinnen kann und das beinahe zum höchsten Gut geworden ist in einer Gesellschaft, in der die Menschen immer älter werden und ältere Menschen einen immer größeren Prozentsatz der Bevölkerung ausmachen. Aber auch gerade bei jungen Eltern spielt die Gesundheit ihrer Kinder beim Einkauf von Nahrungsmitteln, Kleidung und Spielzeug zunehmend eine Rolle.

In der Mode dreht sich alles um den Körper, um perfekte Maße und makellose Haut. Junge Mädchen wünschen sich wie selbstverständlich Schönheits-OPs zu Weihnachten oder Geburtstag, und bei Menschen um die vierzig stehen Fettabsaugen, Faltenreduzierung und Hautstraffung hoch im Kurs.

Und dennoch: Wenn man einen Schritt zurücktritt und die Zeit, in der Teresa lebte, und unsere vergleicht, unterscheiden sie sich gar nicht so sehr voneinander: Heute sterben die Menschen nicht mehr an Cholera, Typhus oder der Pest, aber die Krankheiten unserer Psyche wie Depression und Burn-out haben in den letzten Jahren epidemisch zugenommen. Die meisten Menschen streben heute nicht mehr nach dem besseren Leben im Jenseits, sondern wollen ein möglichst gutes im Diesseits führen, aber der Körper hat eine ähnlich funktionelle Rolle wie damals.

Wie oben schon beschrieben: Viele Menschen betrachten ihren Körper wie einen Gegenstand, ein Ding, eine Maschine, die man wie andere Geräte aus- und einschalten kann, die Makel haben oder auch mal kaputt gehen. Aber das kann man alles wieder reparieren. Mit Fettabsaugen und ein bisschen Straffen bekommt der Körper wie ein altes Auto einfach einen »neuen Lack«. Wenn etwas nicht mehr funktioniert, etwa das Knie, mit dem man jeden Tag zwanzig Kilometer für das Marathontraining gelaufen ist, oder das Herz, das man jeden Tag mit zwanzig Kilo Übergewicht und einem Sechzehn-Stunden-Arbeitstag beansprucht hat, dann werden sie einfach ausgetauscht. Für Krankheiten wie Depression oder Burn-out möchte man keine Auszeit nehmen, sondern wünscht sich ein Medikament, das die Symptome abstellt. Der Körper hat zu funktionieren und sich unseren Wünschen zu unterwerfen, ob ihm das passt oder nicht.

Auch was die Nahrungsaufnahme angeht, sieht es nicht viel besser aus: Viele Menschen wissen gar nicht mehr, wie sich Hunger anfühlt. Es geht mir nicht darum, auf die Überflussgesellschaft zu schimpfen oder die »böse« Werbung, die uns das einredet. Es gibt Entwicklungen, die einfach nicht mehr umkehrbar sind und die auch Vorteile haben – zum Beispiel eine unglaubliche Vielfalt und Wahlmöglichkeit –, die die meisten von uns nicht mehr missen wollten. Was ich vielmehr meine: Essen ist für so viele Menschen zur Gewohnheit geworden. Man isst zu bestimmten Zeiten und Gelegenheiten, aber eben nicht dann, wenn man Hunger hat. Auch hier wird der Körper nicht nach seinen Bedürfnissen gefragt, es wird ihm einfach etwas serviert.

Viele Frauen, mit denen ich gesprochen habe, haben sich in Kursen und manchmal auch Therapien mit ihrem Essverhalten beschäftigt und dabei herausgefunden, dass das Essen oft nur eine Ersatzhandlung für etwas anderes ist. Sie haben sich dann darauf eingelassen, auf ihren Körper zu hören und das zu essen, worauf sie Lust haben, und zwar dann, wenn sie Hunger haben, und so viel, bis sie satt sind. Zunächst einmal war es für viele verblüffend, das Gefühl von Hunger kennenzulernen, das sich deutlich von Gelüsten unterscheidet.

Und noch erstaunter waren sie, als sie feststellten: Wenn ich bei der Devise »Dann, wann ich Hunger habe, und das, worauf ich Hunger habe« bleibe, nehme ich nicht mehr zu. Der Körper findet von ganz allein »sein« Gewicht. Das mag nicht bei allen Größe sechsunddreißig sein, aber genau hier beginnt der Weg, auf den wir uns im letzten Kapitel gemacht haben: Nach dem »dritten Blick in den Spiegel« kann ich so ehrlich zu mir sein, zuzugeben, dass Modelmaße für meinen Körper einfach nicht zutreffen, wenn ich mich nicht jeden Tag quälen will. Und der erste Schritt auf dem Weg wäre, sich einzugestehen: Es ist einfach unrealistisch, dass ich den ganzen Tag mit einem Joghurt und einem Salat ohne Dressing auskomme, wenn ich den Kindern Frühstück mache und mittags für sie koche und nebenher noch bügeln und waschen, abspülen und aufräumen muss, die Hausaufgaben mit betreue, mittags noch das Freizeit-Taxi spiele und abends gemeinsam mit der Familie am Abendbrottisch sitzen will. Oder wenn ich den ganzen Tag in irgendwelchen Sitzungen verbringe und vor dem PC, wenn ich Kundengespräche führe und abends mit meinem Partner zusammensitzen möchte oder wenn ich Nachtschicht habe und versuchen muss, wach zu bleiben.

Es ist auch unrealistisch, dass ich bei diesen Aufgaben, die mich tagsüber erwarten, und den Abenden, an denen ich spät nach Hause komme oder einfach nur noch müde bin, fünfmal in der Woche zum Sport gehe. Das mag der Weg einiger Menschen sein – aber nicht meiner.

Und haben Sie sich schon mal überlegt: Gibt es einen einzigen Menschen in Ihrer Umgebung, der Sie wegen einer Veränderung Ihres Körpers, sei es nun mehr oder weniger Gewicht, eine gerade Nase, ein größerer Brustumfang, weniger Falten oder eine andere Haarfarbe, weniger oder mehr lieben würde?

Es geht auch nicht immer nur ums Abnehmen (auch wenn das sicher das meistgenannte Problem in unserer Gesellschaft ist), sondern auch ums Zunehmen, um das, was ich tue, das, was mir Spaß macht, was mir nicht gefällt, wie ich mich verhalte und was ich lasse. Bei alldem gibt es nach dem »dritten Blick in den Spiegel« eigentlich nur ein Kriterium: Ich tue das, was mir guttut.

Damit möchte ich keinem Hedonismus das Wort reden, das heißt: Natürlich ist damit nicht gemeint, dass ich nur noch tue, wozu ich Lust und Laune habe, und mir von niemandem mehr etwas sagen oder vorschreiben lasse. Es bedeutet auch nicht, dass das Leben ab jetzt nur noch Spaß ist. Vielmehr geht es um den »Proviant«, den wir oben in unsere beiden Hosentaschen gesteckt haben: Mut und Akzeptanz sowie den »Zwilling«, die Verantwortung.

Das tun, was mir guttut, meint dann, dass ich mich nicht mehr von der Meinung »der Leute« oder von den Medien beeinflussen lasse, wie »man« zu sein und auszusehen hat, was »man« tut oder nicht. Es bedeutet auch, dass ich mich selbst nicht mehr unnötig unter Druck setze, so oder anders zu sein, dies oder jenes schaffen zu müssen. Dazu muss ich mir zwei Fragen beantworten. Erstens: Was will ich wirklich? Zweitens: Was kann ich wirklich erreichen? Wenn Sie auf diese Frage ehrliche Antworten finden, sind Sie schon ein gutes Stück Weg vorangekommen bei der Suche nach sich selbst.

Und was heißt das für den Umgang mit sich und seinem Körper? Seit einigen Jahren ist immer wieder von »Ganzheitlichkeit« die Rede. Manchmal bekommt man eine Aversion gegen Worte, die inflationär und vor allem oft falsch gebraucht werden. »Ganzheitlichkeit« gehört für mich dazu. Das heißt aber nicht, dass die Idee, die ursprünglich dahintersteht, nichts taugt, ganz im Gegenteil. Im Prinzip ist es genau das, was diesen ersten Schritt auf dem Weg beschreibt: Fassen Sie Mut, trauen Sie sich und Ihren Gefühlen, Ihren Wünschen und Abneigungen, tun Sie etwas für sich als ganzer Mensch, für Seele und Geist. Hören Sie vor allem auf Ihren Körper! Er weiß meist sogar mehr darüber, wie es Ihnen im Augenblick geht, als Ihr »Hirn« Ihnen vielleicht verrät. Hören Sie auf seine Signale von Hunger und Durst, aber auch auf das, worauf Sie gerade Lust haben. Darin ist oft ein Mangel versteckt, unter dem Ihr Körper leidet, den sie über bestimmte Speisen wieder ausgleichen können. Spüren Sie, wenn es Ihrem Körper heiß oder kalt ist, und kleiden Sie sich so, wie es Ihnen wohl ist, auch wenn das vielleicht anderen nicht gerade jahreszeitgemäß erscheint. Schätzen Sie Ihren Körper, indem Sie ihm zum Beispiel Pflege schenken, was auch immer Ihnen in diesem Bereich guttut. Und vor allem: Hören Sie auf seine Signale, wenn sich Krankheit oder Erschöpfung ankündigen. Ihr Körper ist kein Automat, und er hat eine Seele, die keine anderen Ausdrucksmöglichkeiten hat als Ihren Körper. Daher schickt sie schon recht früh Signale aus, wenn sie leidet. Versuchen Sie, die Sprache Ihres Körpers und Ihrer Seele zu lernen. Und tun Sie etwas, damit es beiden besser geht! Geben Sie Ihrem Schlafbedürfnis nach. Halten Sie sich weder für unverletzlich noch für unsterblich. Und akzeptieren Sie, dass eine Krankheit etwas anderes ist als eine kaputte Waschmaschine. Geben Sie Ihrem Körper und Ihrer Seele Zeit, damit sie sich ausruhen können, aber auch, um sie zu würdigen: Sie haben nur diese Hände, nur diese Füße, nur diesen Körper, in dem Sie leben können und der Sie das Leben erfahren lässt. Körper und Seele bilden gemeinsam unser Ich und können darin nicht voneinander getrennt werden.

Was mich an manchen »ganzheitlichen« Entwürfen stört, ist, dass sie einem am Ende doch immer vorschreiben, was man zu tun oder zu lassen hat. Beispielsweise rät man uns, jeden Tag eine Zeit der Entspannung einzuplanen. Sie und ich wissen: Es gibt Tage, da geht das einfach nicht. Und manchmal steckt man so voll Elan für eine Sache, dass man auch gar nicht das Bedürfnis danach hat. Dann tun Sie es auch nicht! Dagegen gibt es andere Phasen, in denen man ständig das Bedürfnis nach Ruhe und Schlaf hat. Natürlich gibt es auch dann Tage, im schlimmsten Fall Wochen, in denen es uns nicht gelingt, dafür so viel Raum und Zeit einzuräumen, wie nötig wäre. Wichtig ist aber, sich dieses Gefühls bewusst zu sein und es zumindest zu versuchen, sich dafür Zeit zu nehmen. Gehen Sie nicht über Ihre Befindlichkeiten hinweg und unterdrücken Sie sie nicht!

Und wenn Sie spüren, dass es Ihnen zu viel wird: Haben Sie keine Angst, auch mal zu sagen: »Ich kann nicht mehr. Ich brauche jetzt Ruhe.« Wir glauben immer, dass es aus dem Trott, dem Alltag, dem Stress, der unsere Tage bestimmt, keinen Ausweg gibt. Haben Sie schon einmal erlebt, wie betroffen Kollegen, Verwandte, Bekannte sind, wenn jemand erzählt: »Ich habe Burn-out«? Haben Sie schon einmal erlebt, was beispielsweise in einer Firma passiert, wenn jemand für längere Zeit krankheitsbedingt ausfällt? In beiden Fällen geht es dann *doch*, dass man ohne den Betroffenen auskommt. Plötzlich sind die Kollegen sogar bereit, noch Arbeit mit zu übernehmen, wenn der Kranke damit entlastet wird. Es wird einiges umgestellt und neu verteilt – und schon geht es weiter; vielleicht anders als vorher, aber die Welt bleibt deswegen nicht stehen, und der Betroffene verliert auch nicht seinen Job.

Das ist sozusagen »die große Angelegenheit«, aber im Kleinen gibt es das im Alltag von beinahe jedem. Ob Sie nun Mutter von kleinen Kindern sind oder der Vater, der einen hohen Posten hat und sich zwischen Familien- und Arbeitsleben irgendwie aufteilen muss, ob Sie Single sind und die Einsamkeit nicht mehr ertragen oder in einer Beziehung stecken, bei der Sie das Gefühl haben, keine Luft mehr zu bekommen: Sprechen Sie darüber! Sagen Sie: Ich kann nicht mehr! Oder: Ich will das so nicht mehr! Sie werden sich wundern, wie viele Möglichkeiten sich auftun, wenn Sie zugeben, dass Sie etwas nicht mehr tragen oder ertragen können, wenn Sie sich nicht mehr vorschreiben, dass Sie das alles schaffen *müssen*.

Und damit sind wir bereits beim zweiten Schritt auf dem Weg: Im Liebesgebot Jesu heißt es im zweiten Teil: »Liebe deinen Nächsten *wie dich selbst*.« Sich selbst zu lieben heißt nichts anderes, als sich selbst gefunden zu haben, denn nur dann kann ich mich so (an-)nehmen, wie ich bin. Diesen Weg kann und muss ich alleine, bei mir beginnen. Aber zu Ende gehen kann ich ihn niemals ohne andere Menschen, denn ich bin keine Insel. Wenn ich mich ändere, wenn ich einen neuen Weg einschlage, sind davon immer andere mit betroffen, weil ich auf irgendeine Weise mein Leben mit ihnen teile. Und: Andere können mir liebevolle Wegweiser sein, die mir helfen, mich nicht im Dickicht meiner eigenen Gedanken und Gefühle zu verlaufen. Darum geht es im nächsten Kapitel.

Was tun Sie, wenn Sie sich krank fühlen? Geben Sie dem nach? Oder ignorieren Sie das einfach?

Mögen Sie Ihren Körper?

Wann haben Sie das letzte Mal Ihrem Körper etwas Gutes getan – in welcher Form auch immer?

» ... da es von großem Nutzen ist, sich mit jemandem zu besprechen, der sie durchschaut, damit wir uns durchschauen«

FREUNDSCHAFT

»Niemand ist eine Insel« – dieser berühmte Satz von John Donne (1572–1631, englischer Metaphysiker, Dichter und anglikanischer Priester) beschreibt eine Erfahrung, die für uns heute nicht mehr unbedingt selbstverständlich ist: dass nämlich niemand nur für sich alleine steht, sein Leben ohne andere führt oder führen kann, sondern auf irgendeine Weise immer mit anderen Menschen verbunden ist. Im ursprünglichen Zusammenhang des Gedichtes ist die Aussage sogar noch schärfer. Dort heißt es: »Niemand ist eine Insel, ein ›Ich-Land‹ ganz für sich; jeder Mensch ist ein Stück des Kontinents, ein Teil des Festlandes (...). Jedes Menschen Tod ist ein Verlust, denn ich bin Teil der Menschheit.«

Ein »Ich-Land«, dieser Ausdruck beschreibt noch viel deutlicher als der Begriff »Insel«, wie viele Menschen sich heute fühlen oder begreifen. Das hat sicher verschiedene Gründe, aber einer der gravierendsten ist sicher der Kapitalismus als beherrschende Wirtschafts- und Gesellschaftsform in den Industrienationen dieser Welt. Das kapitalistische Menschenbild ist geprägt von der Vorstellung, dass der Einzelne allein verantwortlich ist für sein Schicksal. Was zählt, ist sein eigenes Können. Scheitert er, so liegt das daran, dass er entweder unfähig ist oder seine Fähigkeiten falsch eingesetzt hat. Extrem ist das gerade in diesen Tagen in dem Land zu beobachten, das von allen westlichen Ländern den Kapitalismus am radikalsten lebt: Amerika.

Wie in einer der letzten »Spiegel«-Ausgaben zu lesen, halten die Menschen auch in den jetzigen Zeiten noch an ihrem »American Dream« fest: Sie glauben weiterhin, dass es nur an jedem Einzelnen liegt, ob er vom Tellerwäscher zum Millionär wird oder Tellerwäscher bleibt. Trotz dramatisch zunehmender Arbeitslosigkeit, Armut und Obdachlosigkeit – Folgen eines beinahe entfesselten Kapitalismus, der gerade unter Präsident Bush Grund und Ursache vieler staatlichen Entscheidungen und Entwicklungen war – sind viele Amerikaner davon überzeugt, dass sich weder an der Staats- noch an der Wirtschaftsform etwas ändern darf. Sie glauben: Wenn sie ihr Haus, ihre Arbeit und all ihren Besitz verlieren, dann ist es ihr eigenes Verschulden, nicht das des Staates, der Staatslenkung oder anderer Umstände und Entwicklungen.

In Deutschland sieht das etwas anders aus, schon deshalb, weil in einer sozialen Marktwirtschaft und einem Sozialstaat die »Auffangmechanismen« für Menschen, die ihre Arbeit und/oder ihr Dach über dem Kopf verlieren, so funktionieren, dass sie zumindest eine Grundsicherung ermöglichen. Die Diskussionen der letzten Wochen und Monate zeigen aber, dass sich auch hier der Konflikt verschärft und längst nicht mehr bei allen der Wille vorhanden ist, andere mitzutragen, die nicht den gleichen Beitrag zur Gesellschaft leisten können wie man selbst. Und die Stimmen, die behaupten, dass jeder, der will, auch Arbeit findet, und dass jeder, dem es schlecht geht (ob in finanzieller Hinsicht oder was seinen sozialen Status angeht), daran selbst schuld ist, werden immer lauter – und prominenter.

Aber auch den einzelnen Menschen hat diese Art zu denken – »Du allein bist verantwortlich für dein Schicksal und dafür, ob du zu den Gewinnern oder Verlierern zählst« – in den letzten Jahren immer mehr beeinflusst. Man könnte jetzt hier eine Gesamtgesellschaftskritik ausbreiten, in der Begriffe wie »Ich-AG«, »Geiz ist geil«, »Haben-Mentalität« und vieles mehr auftauchen müssten. Darum geht es aber nicht in diesem Buch. Und es würde bedeuten, ins andere Extrem zu fallen und die alleinige Verantwortung für unser eigenes Leben auf andere abzuschieben: Der Staat ist schuld, die Medien, die Erziehungsmethoden der Eltern, die Jugend ist schlecht ... Viel wichtiger, als auf andere zu schimpfen, scheint mir, selbst einmal dem auf die Spur zu kommen, was das eigentlich heißt: »Niemand ist eine Insel, ein Ich-Land ganz für sich allein.«

Menschen sind von Geburt an auf andere angewiesen, die ihnen gut wollen, die sie lieben. Kein Kind kann überleben, wenn es neben der Befriedigung seiner körperlichen Bedürfnisse nicht auch

Zuwendung, Aufmerksamkeit, Liebe erfährt. Aber nicht nur Kinder brauchen all das, es ist ein allgemein menschliches Bedürfnis, das wohl erst mit dem Tod endet. Und das wird heute oft vergessen: Nicht nur Kinder brauchen Zuwendung, sondern alle Menschen in jedem Alter. Sicher gibt es Eigenbrötler und Einzelgänger, aber das sind eher die Ausnahmen – und zudem sind sie es oft erst geworden, weil ihnen genau diese Zuwendung und Liebe zu lange verweigert wurden.

Die meisten Menschen sind nicht dazu »gemacht«, allein durchs Leben zu gehen. Und wie ein Kind verkümmert, das keine Zuwendung erfährt, so verkümmert auch ein Erwachsener, der dies nie zu spüren bekommt. Er wird »seltsam«, verschroben, legt sich Eigenheiten zu, die es immer schwerer machen, mit ihm auszukommen. Gerade im Alter wird deutlich: Menschen, die bis in ihre späten Jahre mit anderen Menschen Kontakt haben und diesen pflegen, bleiben gesünder, haben am Leben teil und bezeichnen sich selbst oft als glücklich, auch wenn sie körperlich stark eingeschränkt leben müssen. Es geht hier nicht in erster Linie um Liebesbeziehungen – obwohl eine Freundschaft auch vieles mit einer solchen gemeinsam hat –, sondern um andere Menschen, die zu meinem »Ich-Land« Zutritt haben, die mich begleiten, die ich begleite.

»Freunde« ist ein ziemlich dehnbarer Begriff, wie sich gerade heute im Zeitalter von »Social Networks« deutlich zeigt. Ich bin selbst auch Mitglied in einem solchen Netzwerk, und auf meiner Startseite steht, dass ich hundertneunundvierzig »Freunde« habe. Ich glaube, dass ich selbst genau zwei dieser Menschen als Freunde bezeichnen würde, der Rest sind Bekannte, entfernt Bekannte oder Menschen, die ich vielleicht schon einmal gesehen habe, so genau erinnere ich mich nicht mehr. Meine Tante erzählte immer, dass sie und ihr Mann von ihren »Freunden« hierhin zum Essen und dorthin zu einer Ausstellung eingeladen worden waren, dass ihre »Freunde« sie auf ihrer Segeljacht besucht hätten und sie den ganzen Abend Champagner zusammen getrunken hätten. Nachdem sie ihren Mann jahrelang pflegen musste und sie, als er starb, dann beinahe mittellos zurückblieb, war von diesen »Freunden« keiner mehr übrig. Plötzlich waren sie dann doch nur noch Bekannte. Und die meisten schienen plötzlich sowohl ihre Telefonnummer als auch ihren Namen vergessen zu haben.

Ich denke, das ist eine Erfahrung, die viele Menschen schon gemacht haben, ob als Jugendliche oder als Erwachsene. Jugendliche Cliquen funktionieren oft ähnlich, auch wenn es dabei nicht um Segeljachten und Ausstellungen geht, aber um die richtigen Markenklamotten und eine adäquate Ausrüstung, um dazugehören zu dürfen. Hat man das nicht, sind die »Freunde« plötzlich zu Feinden geworden, die denjenigen, der nun außen steht, verhöhnen und verspotten.

Woran erkennt man aber wahre Freunde? »Wirklich gute Freunde sind Menschen, die uns ganz genau kennen und trotzdem zu uns halten«, sagte Marie von Ebner-Eschenbach. Darin steckt eine tiefe Weisheit. Ähnlich wie ein Lebenspartner, eine Lebenspartnerin sind echte Freunde Menschen, die nicht nur in den »guten Tagen« für uns da sind, sondern auch in den »bösen Tagen«. Es sind Menschen, die sich mit uns über unsere Erfolge freuen können, uns aber auch trösten, uns zuhören, wenn wir leiden oder unser Leben aus den Fugen gerät. Mit Freunden kann man gemeinsam über die gleichen Dinge lachen – und auch mal über ganz verschiedene, ohne dass man das Gefühl hat, sich blamiert zu haben. In einer Freundschaft gibt es viele Zeiten, in denen es einem einfach nur gut zusammen geht, an die man sich gerne zurückerinnert. Aber es darf auch schwere Zeiten geben: Freundschaft verträgt einen handfesten Krach, Meinungsverschiedenheiten und manchmal auch eine Pause – wenn der Grund dafür nicht zu gravierend ist und die Freunde nicht verletzt hat.

Vor allem aber sind Freunde Menschen, die uns die Wahrheit über uns selbst sagen – und manchmal sogar oder gerade dann, wenn wir sie gar nicht hören wollen. »... außerdem wäre es hervorragend, selbst wenn sie keine Ordensleute wären, jemanden zu haben, an den man sich wendet (...). Doch sollte man sich keinen vom eigenen Schlag aussuchen, wie man so sagt, der in allem sehr tastend vorgeht, sondern sich um einen bemühen, der hinsichtlich der Dinge der Welt keine Illusionen mehr hat, da es von großem Nutzen ist, sich mit jemandem zu besprechen, der sie durchschaut, damit wir uns durchschauen«, so drückt es Teresa aus. Gerade bei Menschen, die allein leben – und ich habe selbst lange alleine gelebt –, merke ich oft, dass ihnen mit der Zeit immer mehr ein Mensch fehlt, der für sie sozusagen ein »Korrektiv« ist, in jeder Hinsicht: Sie haben niemanden, der ihnen sagt, dass sie wunderschöne Augen haben und man am liebsten die ganze Nacht mit ihnen verquatschen würde, dass sie den tollsten Nudelauflauf der Welt machen und das Kompliment vom Chef ruhig mal ernst nehmen können, weil es stimmt. Sie haben aber auch niemanden, der ihnen sagt, dass es überzogen ist, sich über eine solche Kleinigkeit so aufzuregen, dass sie unrecht haben und dass man einen Sachverhalt auch aus einer anderen Perspektive betrachten kann, die ebenso »wahr« ist wie die eigene. Es ist niemand da, der ihnen hilft, »sich selbst zu durchschauen«, wie Teresa sagt.

Wenn man sich auf den Weg macht, ist es in der Tat wichtig, sich selbst gegenüber ehrlich zu sein und vor allem: wahrhaftig zu sein. Die Wahrheit *über* sich selbst findet man aber nicht ausschließlich *in* sich selbst. Sie braucht den Dialog, sonst gerät man in Gefahr, die eigenen Ansichten für die einzigen Wahrheiten zu halten. Das, was man in sich findet, braucht den Prüfstein der anderen, braucht den Test: Verfolge ich damit nur meine eigenen Ziele? Gibt mein Weg, auf dem ich gerade unterwegs bin, anderen Raum, ihren eigenen zu gehen, oder bin ich dabei, »Durchgangsverbotsschilder« aufzustellen und andere damit am Weitergehen zu hindern?

Wirkliche Freunde werden uns darauf eine ehrliche Antwort geben. Und es braucht wiederum den Proviant aus der einen Tasche, den Mut, um die Antwort anzunehmen, aber auch, um sie – als Freund – auszusprechen. Dazu gibt es eine schöne Anekdote über Teresa: Sie beklagte sich einmal im Gebet über all die vielen Drangsale und Widerwärtigkeiten, unter denen sie zu leiden hätte. »So behandele ich meine Freunde«, antwortete ihr der Herr. Teresa erwiderte: »Darum hast du auch nur so wenige.«

Manchmal können Freunde uns aber auch helfen, zunächst einmal überhaupt den ersten Schritt auf unserem Weg zu uns selbst zu machen. »Freunde sind Menschen, die uns ganz genau kennen und trotzdem zu uns halten« – so gesehen tun Freunde das, was uns selbst am Anfang oft am schwersten fällt: Sie akzeptieren uns einfach so, wie wir sind – oder gerade *weil* wir so sind, wie wir sind. Mit allen Ecken und Kanten, allen Talenten und schlechten Angewohnheiten. Es macht ihnen nichts aus, dass wir nicht perfekt sind! Und selbst wenn wir mit unserem eigenen So-sein nicht zurechtkommen: Sie tun es. Ist das nicht wunderbar?

Vielleicht können wir sie sogar fragen, warum sie uns mögen. Und warum es ihnen nichts ausmacht, dass wir ständig unpünktlich sind oder unsere Wohnung manchmal aussieht wie ein Schlachtfeld, wenn sie zu Besuch kommen. Zumindest könnte das helfen, dass wir uns annehmen können, wie sie das tun.

Und noch etwas geben sie uns, was wir so dringend brauchen, um diesen Weg zu uns selbst gehen zu können: Sie schenken uns ihr Vertrauen.

Und wir ihnen unseres. Das bedeutet: Bei einem Freund können wir sein, wie wir wirklich sind. Eben weil wir wissen, dass er uns genau so und genau deswegen mag. Wir brauchen keine Masken, müssen uns nicht in unsere tollsten Klamotten werfen, um Eindruck zu machen, brauchen keine Schminke. Echte Freunde sind Menschen, denen man auch ungekämmt und in einer Schlabberhose begegnen kann – auch wenn man dann vielleicht ihre dummen Witze darüber ertragen muss.

Von Freunden können wir uns nicht nur die Wahrheit über uns selbst erzählen lassen, wir können ihnen auch von uns aus die Wahrheit über uns selbst erzählen, ohne Angst zu haben, dass das dann Morgen in der Zeitung steht. Und Freunden gegenüber kann man Dinge zugeben, bei denen es einem vielleicht manchmal schwerfällt, sie gegenüber sich selbst einzugestehen. Zum Beispiel, dass man einfach nicht mehr so weiter kann wie bisher. Dass man mit seinen Kräften am Ende ist. Dass man die Beziehung so nicht mehr erträgt, wie sie im Augenblick ist. Es tut unendlich gut, einen Menschen zu haben, dem man solche Wahrheiten anvertrauen kann, in dem Wissen, dass der andere einen nicht gleich verurteilen oder auslachen oder kleinmachen wird. Ich habe oft erfahren, dass Freunde gar nicht immer die richtige Antwort auf solche Probleme hatten, aber ganz oft die richtige Frage. Zum Beispiel: »Und was willst du wirklich? Wie soll es jetzt weitergehen, wenn du es dir wünschen könntest? Was möchtest du ändern? Möchtest du etwas ändern? Liebst du diesen Mann? Was, glaubst du, denkt er darüber? Meinst du, es geht ihm so wie dir?«

Freunde verurteilen nicht, sie hören erst einmal zu. Sie nehmen uns aber auch nicht unnötig in Schutz, sondern sagen uns, wenn wir Mist gebaut oder uns falsch verhalten haben. Freunde halten unseren Schmerz aus, wenn wir Kummer haben, traurig sind. Und die besten Freunde sind die, die man nachts um halb zwei noch anrufen oder besuchen kann, wenn man das Gefühl hat, dringend jemanden zum Reden zu brauchen. Oder um das Ende einer schon längst kaputten Beziehung, aus der man nun endlich herausgefunden hat, mit Tiefkühlpizza und Sekt zu feiern.

Aber wie findet man nun solche echten Freunde? »Der beste Weg, einen Freund zu haben, ist der, ein Freund zu sein«, sagt Ralph Waldo Emerson, ein amerikanischer Dichter und Philosoph des 19. Jahrhunderts. In diesen Worten steckt neben Weisheit eine Menge Lebenserfahrung. Es ist nämlich gar nicht so einfach, Freunde zu haben. Sie sind nicht so etwas wie ein Wohnzimmersessel, den man sich irgendwann anschafft, und dann steht er für den Rest seiner Lebenszeit an seinem Platz, um uns zu Diensten zu sein. In diesem Sinn »hat« man auch keine Freunde, sondern man muss sie, ähnlich wie eine Partnerschaft, pflegen. Man muss sich im guten Sinn um sie kümmern, das heißt: sich für sie interessieren, sie fragen, wie es ihnen geht, für sie da sein, wenn sie einen brauchen. Aber genauso wichtig ist es, einfach unbeschwerte Zeit miteinander zu verbringen, gemeinsam Leben zu teilen und zu genießen. Freundschaften aufrechtzuerhalten bedeutet »Arbeit«, Beziehungsarbeit, wenn man so will. Sie bleiben nicht von selbst, sondern brauchen immer neue Nahrung, sonst gibt es bald nichts mehr, was einen verbindet, außer Erinnerungen. Das heißt nicht, dass man sich wie damals in der Schule jeden Tag sehen muss. Aber wenn ich an keinem Tag im Jahr an den anderen denke und es mich nicht interessiert, wie es ihm geht, was er tut, dann ist er mir weitgehend egal, und man kann wohl kaum von einer Freundschaft sprechen.

Aber auch das Gegenteil ist ein Zeichen dafür, dass an der Freundschaft etwas »nicht stimmt«: wenn man das Gefühl hat, beim anderen für irgendwen oder irgendwas der »Lückenbüßer« zu sein. Eine Freundin hat mir einmal gesagt, sie müsste in einer Freundschaft einfach immer das Gefühl haben, vom anderen gebraucht zu werden. »Tut mir leid«, habe ich ihr geantwortet, »ich brauche dich nicht in meinem Leben. Das möchte ich auch gar nicht. Ich kann gut ohne dich leben – aber schöner ist es mit dir!« Ich weiß nicht, ob das bei ihr ankam, aber ich würde es mir wünschen. Ich wollte kein Ersatz sein in ihrem Leben für die Liebe, die ihr fehlte. Auch nicht für die Liebe, die ihr sich selbst gegenüber fehlte. Ich wollte ihr nicht das Gefühl geben, gebraucht zu werden, sondern ihr klarmachen, dass ich sie mag – ganz ohne Bedingung. Ich wollte auch nicht in ihrer Schuld stehen, indem ich sie für irgendetwas »gebrauche«, was dann von mir eine Gegenleistung erfordern würde. All diese

Dinge machen eine Freundschaft kaputt. »Es ist ganz gewiss, dass man viele Freunde hat, wenn man keines Menschen bedarf«, sagt Teresa. Genau darum geht es: den anderen nicht nötig zu haben in dem Sinn, dass ich ohne ihn nicht leben kann oder will.

Wenn ich anfange aufzurechnen, was der andere mir gegeben hat (in Form von Geschenken oder Aufmerksamkeit, Zuwendung, Trost ...) und was ich dann von ihm bekommen muss, damit die Rechnung aufgeht, dann ist es keine Freundschaft mehr, sondern ein Geschäft. Aber auch andersherum: Wenn ich das Gefühl habe, dass immer nur ich es bin, der anruft, der zuhört, der fragt, ob man sich nicht mal wieder sehen kann, dann ist das eher eine Zweckgemeinschaft für den anderen, aber für mich nur eine Beziehung, die all meine Kraft kostet, ohne dass ich etwas davon zurückbekomme.

In einer echten Freundschaft sind Geben und Nehmen ausgeglichen, jedenfalls auf das Gesamt gesehen. Im besten Fall muss ich darüber gar nicht nachdenken, weil ich nicht rechne, sondern einfach mit dem anderen lebe. Eine echte Freundschaft schenkt beiden Partnern Kraft, gibt ihnen das Gefühl, beim anderen auftanken zu können. Und eine echte Freundschaft fügt meinem eigenen Leben etwas hinzu, was es reicher macht, schöner, glücklicher, und das ich mir selbst nicht schenken könnte.

Für Teresa gibt es einen »Freund« in ihrem Leben, der all das in sich vereint: Gott. Mit ihm bespricht sie nicht nur all ihre Herzensangelegenheiten, er ist ihr auch wirklich wie jemand, der ihr ganz nah ist, mit dem sie sich unterhalten kann wie mit einem Freund. »Meine Liebe und mein Vertrauen zum Herrn begannen sehr zu wachsen, als er sich mir zu erkennen gab als jemand, der jederzeit zu sprechen ist. (...) Man kann mit ihm umgehen wie mit einem Freund, wie sehr er auch Herr bleibt. (...) O Du mein Herr und Gott! Man kann sich mit dir einfach über alles unterhalten!«, schreibt sie.

Und sie ermuntert auch ihre Mitschwestern, diesem »Freund« nicht mit falscher Demut zu begegnen, sondern ihn um Rat zu bitten und ihm alles zu sagen, was sie bedrückt. Für sie ist es das Gebet, in dem sie mit Gott Zwiesprache hält: »Das Gebet ist meiner Ansicht nach nichts anderes als ein Gespräch mit einem Freund, mit dem wir oft und gern allein zusammenkommen, um mit ihm zu reden, weil er uns liebt.«

Für Teresas Zeit war das beinahe schon anstößig. Dass jemand – und ausgerechnet auch noch eine Frau! – auf die Idee kam, man könne sich mit Gott, mit diesem fernen, erhabenen, unsagbar heiligen Wesen einfach so unterhalten wie mit einem Freund, empfanden gerade die Geistlichen damals als ketzerisch. Davon lässt sich Teresa aber nicht beeindrucken. Für sie war Gott nie ein menschenfernes »Etwas«, das sich um das Schicksal eines Einzelnen nicht kümmert, sondern ein Gegenüber, ein »Du«, dem nichts Menschliches fern ist: »Ich sah, dass Gott auch wahrhaft Mensch ist und sich über unsere Schwächen nicht entsetzt, sondern unsere elende, der Erbsünde unterworfene Verfassung von innen her versteht.«

Aber dennoch vergaß Teresa dabei niemals die Menschen aus »Fleisch und Blut«, die sie umgaben, mit denen sie zu tun hatte und mit denen sie befreundet war. Ihre Freundschaften mit den Menschen bedeuteten ihr viel, und sie setzte alles daran, sie trotz der vielen Arbeit, die auf ihren Schultern lag, ihrer Reisen und sonstigen Verpflichtungen aufrechtzuerhalten, sei es durch Briefe oder persönliche Begegnungen. Dabei spürt man gerade in ihren Briefen eine Wärme und Nähe, die sie als Mensch noch einmal von einer ganz anderen Seite zeigen.

Die Gottesfreundschaft war das Wichtigste in ihrem Leben – aber die Menschen hatten einen beinahe ebenso großen Platz in ihrem Herzen. Das lag nicht zuletzt daran, dass sie in jedem Menschen auch Gott wiedererkannte. Eine schon genannte zentrale Bibelstelle war in dieser Hinsicht für sie Matthäus 25,40: »Was ihr dem Geringsten meiner Brüder getan habt, das habt ihr mir getan.« Und deshalb spielten in ihrem Leben, das sie eigentlich ganz Gott gewidmet hatte, die Menschen auch die größte Rolle: »O mein Jesus, so groß ist Deine Liebe zu den Menschenkindern, dass man Dir den größten Dienst erweist, wenn man sich nicht Dir, sondern ihnen zuwendet, denn dann ist man Dir am tiefsten verbunden.«

Was für eine wunderbare Spiritualität in diesen Worten steckt! Gerade für heute kann sie wegweisend sein: Wenn du Gott suchst, schau nicht in den

Himmel, sondern ins Antlitz der Menschen. Und wenn du einen »Gottesdienst« verrichten willst, dann sei für die Menschen da, denen du begegnest, so wie sie für dich da sind.

Wie viele von den Menschen, die Sie kennen, würden Sie als echte Freunde bezeichnen?

Was erwarten Sie von einer Freundschaft? Gehört es für Sie auch dazu, sich Unbequemes sagen zu lassen und solches auch selbst auszusprechen?

Gibt es jemanden, der Ihnen als Freund, als Freundin aus welchen Gründen auch immer »abhandengekommen« ist, den oder die Sie aber vermissen? Rufen Sie ihn, rufen Sie sie an!

»Lehre mich die wunderbare Weisheit, dass ich mich irren kann«

DEMUT

Als ich Jugendliche war und junge Erwachsene, fand ich den Begriff »Demut« einfach nur fürchterlich. Ich konnte überhaupt nichts damit anfangen und verstand nicht, warum man es anstreben sollte, sich unterzuordnen, alles über sich ergehen zu lassen, womöglich noch, sich ins Unrecht setzen zu lassen, obwohl man es besser weiß.

Demut war für mich die Rückseite von Gehorsam und gleichzusetzen mit »keinen eigenen Willen haben«, »Jasagertum« und »Unterwürfigkeit gegenüber Autoritäten«. Das alles widerstrebte mir zutiefst. Ich war dabei, mir eine eigene Meinung zu bilden und sie, wenn nötig, auch heftig zu vertreten. Ich hatte einen ausgeprägten Gerechtigkeitssinn und wollte mir da von niemandem etwas vorschreiben lassen. Und schon gar nicht den Kopf einziehen und zu irgendetwas Ja sagen, was ich nicht meinte. Das wäre mir unmöglich gewesen.

Je älter ich werde, desto eher verstehe ich, was mit »Demut« eigentlich gemeint ist, und ich glaube im Ernst, dass man einfach manche Dinge im Leben hinter sich gebracht haben muss, um zu begreifen, dass Demut eine wahre Tugend ist, die mit

Jasagertum und Unterwürfigkeit überhaupt nichts zu tun hat.

Es gibt ein wunderbares Gebet, das von Teresa von Ávila aus der Tradition, nicht aus ihren Schriften überliefert ist. Und selbst wenn man es ihr nur im Nachhinein zugesprochen hat, ist der Ton und vor allem der Humor, der darin steckt, doch ganz der ihre. An ihm wird meiner Ansicht nach wie in keinem anderen Text deutlich, was Demut auch heute in unserem Leben heißen und vor allem, wie sie uns auf unserem Weg zu uns selbst weiterhelfen kann, besser als jeder Ratgeber. Hier ist es:

O Gott, Du weißt besser als ich,
dass ich von Tag zu Tag älter
und eines Tages alt sein werde.
Bewahre mich vor der Einbildung, bei jeder Gelegenheit und zu jedem Thema etwas sagen zu müssen.
Erlöse mich von der Leidenschaft, die Angelegenheiten anderer ordnen zu wollen.
Lehre mich, nachdenklich, aber nicht grüblerisch, hilfreich, aber nicht diktatorisch zu sein.
Bei meiner ungeheuren Ansammlung von Weisheit erscheint es mir ja schade, sie nicht weiterzugeben, aber Du verstehst, o Gott, dass ich mir ein paar Freundinnen erhalten möchte.
Bewahre mich vor Aufzählung endloser Einzelheiten und verleihe mir Schwingen, zur Pointe zu gelangen.
Lehre mich schweigen über meine Krankheiten und Beschwerden. Sie nehmen zu – und die Lust, sie zu beschreiben, wächst von Jahr zu Jahr.

Ich wage nicht, die Gabe zu erflehen, mir die Krankheitsschilderungen anderer mit Freuden anzuhören, aber lehre mich, sie geduldig zu ertragen.
Lehre mich die wunderbare Weisheit, dass ich mich irren kann.
Erhalte mich so liebenswert wie möglich. Ich möchte keine Heilige sein – mit ihnen lebt es sich so schwer –, aber eine alte Griesgrämin ist das Krönungswerk des Teufels.
Lehre mich, an anderen Menschen unerwartete Talente zu entdecken, und verleihe mir, o Gott, die schöne Gabe, sie auch zu erwähnen.
Wahre Demut beunruhigt, verwirrt und stört die Seele nicht, sondern bringt ihr Frieden, Trost und Ruhe.

Der Begriff »Demut« hat heute für mich zwei Aspekte. Der erste steckt in den Zeilen des obigen Gebets, nämlich: sich selbst nicht so wichtig zu nehmen, einen Schritt von sich und dem eigenen Leben zurücktreten zu können. Und wenn es sein muss auch drei Schritte. Das ist eine Aufgabe, die alles andere als leicht ist. Wir sind nun mal wir selbst, und von uns selbst einen Schritt zurückzutreten bedeutet, einen Standpunkt außerhalb von uns einzunehmen und uns zu relativeren. Wem fällt das schon leicht? In Teresas Gebet wird dieser Aspekt in verschiedenen Formulierungen deutlich:

»Lehre mich die wunderbare Weisheit, dass ich mich irren kann« – dieser Satz gehört eindeutig zu meinen Lieblingswendungen, und ich würde ihn am liebsten mit mir herumtragen, um ihn mir selbst und manchmal auch anderen Menschen wenn nötig vor die Nase zu halten. Das Schöne daran ist, dass Teresa nicht betet: »Lehre mich die wunderbare Weisheit, dass ich mir *irre*«, sondern »irren *kann*«. Denn manchmal reicht es ja schon aus, überhaupt einmal in Erwägung zu ziehen, dass man unrecht hat. Das muss gar nicht zutreffen, aber dieser Schritt zurück, dieser Perspektivwechsel hilft oft schon, den eigenen Eifer zu bremsen, andere Menschen zu Wort kommen zu lassen und über das, was man sagt, noch einmal nachzudenken. Das ist in der Tat eine wunderbare Weisheit, wenn man sie dann besitzt.

»Lehre mich, an anderen Menschen unerwartete Talente zu entdecken, und verleihe mir, o Gott, die schöne Gabe, sie auch zu erwähnen.« Das heißt: Ich möchte andere Menschen nicht immer mit den gleichen Augen betrachten, sondern dazu bereit sein, mich auch von ihnen überraschen zu lassen. Ich trete einen Schritt zurück und versuche, im anderen nicht das Bild zu sehen, das ich mir vor Zeiten von ihm gemacht habe, sondern ihn noch einmal so anzuschauen, als sähe ich ihn zum ersten Mal. Und vielleicht zeigt sich dann, dass er ganz anders ist, als ich dachte, dass er Dinge kann, die ich ihm nie zugetraut hätte.

Beinahe noch wichtiger ist aber der zweite Halbsatz: » ... und verleihe mir, o Gott, die schöne Gabe, sie auch zu erwähnen.« Immer wieder erfahre ich gerade im Berufsleben, dass es ein ganz einfaches Mittel gibt, Menschen in ihrer Begeisterung für ihre Arbeit zu unterstützen, zu motivieren. Es kostet nicht mal etwas, außer vielleicht bei manchem Vorgesetzten die Überwindung, zuzugeben, dass andere Menschen auch etwas können. Was ich meine, ist das Lob.

Sie finden beinahe in jedem Managerstrategiebuch, egal, ob es die Pinguin- oder Schweinehundmethode propagiert, dass die Mitarbeiter durch Anerkennung zu motivieren seien. Irgendwie »vergessen« die meisten Vorgesetzten das jedoch, während sie die Punkte, in denen es um die Leistungsabhängigkeit des Lohns geht, punktgenau so umsetzen, wie im Pinguinbuch beschrieben. Ich selbst habe beides erfahren: Unternehmen, in denen das »schwäbische Prinzip« gilt (»Nicht gemeckert ist schon gelobt genug«), und solche, in denen man ohne jovialen Unterton den Angestellten auf Augenhöhe begegnet und ihnen mehr als einmal im Jahr sagt: »Was Sie können, können nur Sie. Und deshalb freuen wir uns, dass Sie in unserem Unternehmen arbeiten. Machen Sie weiter so, wir zählen auf Ihre Ideen.« Ich finde es immer wieder verblüffend, wie einfach diese letzte Einstellung die Zusammenarbeit macht und mit welchem Spaß und vor allem mit welcher Bereitschaft zur Arbeit, auch zur Mehrarbeit die Angestellten hier ihren Job erledigen.

Das gilt aber nicht nur für die Arbeitswelt. Auch im Privaten stelle ich immer wieder fest, dass es den meisten Menschen offensichtlich leichterfällt, aufzuzählen, was ein anderer (oft sogar der Partner) alles nicht kann und falsch macht, als das, was er kann und worin er Talent hat – ich will mich da gar nicht ausnehmen. Ich für mich möchte weiterhin versuchen, immer wieder diesen einen Schritt zur Seite zu machen, um dann sagen zu können: Das kannst du wirklich gut, das hätte ich nicht hinbekommen.

So viele Menschen glauben, dass es sie klein macht, wenn sie die Talente, das Können des anderen loben. Sie haben Angst, dass dann offensichtlich würde, was sie selbst alles *nicht* können. Dabei ist es ein Zeichen von wahrer Größe, zuzugeben, dass man gar nicht alles können muss. Und dass jeder sein eigenes Talent hat, das sich mit dem der anderen ergänzt. Oft spüren wir gerade hier auch wieder, dass wir anderen Menschen das erlauben und verzeihen, was wir uns selbst niemals erlauben würden: Fehler zu haben beziehungsweise etwas nicht zu können. Und das gilt gerade für Vorgesetzte.

Dabei wird einer, der nicht immer alles besser weiß und einem als Untergebener nicht ständig klarmacht, dass man ein kleines Licht ist und von den wahren Zusammenhängen und großen Geschäften nichts versteht, seinen Mitarbeitern zehnmal mehr imponieren. Daher gehört hierher auch die Bitte: »Bewahre mich vor der Einbildung, bei jeder Gelegenheit und zu jedem Thema etwas sagen zu müssen.« Manchmal reicht es, dass ein anderer zur Wort kommt, der sich mit etwas besser auskennt als ich – selbst wenn der andere mein Untergebener ist und ich der Chef bin.

Die Bitten »Erlöse mich von der Leidenschaft, die Angelegenheiten anderer ordnen zu wollen« und »Lehre mich, nachdenklich, aber nicht grüblerisch, hilfreich, aber nicht diktatorisch zu sein« sind gerade auf unserem Weg zu uns selbst wichtige »Wegweiser«. Manchmal hat man für sich eine Wahrheit erkannt und möchte sofort loslaufen und allen anderen Menschen, die noch in der »Dummheit« verharren, die Augen öffnen und die Erlösung bringen.

Um mit Teresa darauf zu antworten: »Denn wie es im Himmel viele Wohnungen gibt, so gibt es auch viele Wege dahin. Gott führt nicht alle denselben Weg.« Das heißt: Jeder geht seinen ganz eigenen Weg. Dabei können wir als Menschen schon mal selbst zum Wegweiser werden, weil wir einen Pfad bereits gegangen sind und wissen, wo er endet. Kommt ein anderer vorbei, der genau an dieses Ziel möchte, können wir ihm die Hand ausstrecken und sagen: »Da lang.« Wenn der andere aber ein ganz anderes Ziel hat, hilft es auch nichts, ihn mit dem Wegweiser zu schlagen, das fügt ihm nur unnötige Schmerzen zu. Es ist sicher sinnvoller, ihn erst einmal danach zu fragen, wo er denn hin möchte. Dann kann ich ihm immer noch sagen, was ich weiß – wenn es ihm denn etwas nützt.

Und daher gilt hier auch: »Bei meiner ungeheuren Ansammlung von Weisheit erscheint es mir ja schade, sie nicht weiterzugeben, aber Du verstehst, o Gott, dass ich mir ein paar Freundinnen erhalten möchte.« Menschen, die angeblich wissen, was gut für uns ist und nur »unser Bestes« wollen, sollten wir unser Bestes nicht geben, denn sie möchten nur ihre eigene Lebensweisheit als die einzig mögliche vorführen und alle anderen Menschen als Dummköpfe entlarven.

Und schließlich die beiden Bitten: »Lehre mich schweigen über meine Krankheiten und Beschwerden. Sie nehmen zu – und die Lust, sie zu beschreiben, wächst von Jahr zu Jahr« und »Ich wage nicht, die Gabe zu erflehen, mir die Krankheitsschilderungen anderer mit Freuden anzuhören, aber lehre mich, sie geduldig zu ertragen.« Es macht das Leben so viel leichter, wenn man die Demut besitzt, das zu beherzigen. Für mich geht es hier nicht nur um Krankheiten, denn es lässt sich auf andere Lebensbereiche übertragen. Eigentlich meint es nichts anderes als die Gelassenheit, nicht immer bei allem im Mittelpunkt stehen zu müssen, und die Fähigkeit, jemandem zuhören zu können (oder es zumindest auszuhalten), der Dinge erzählt, die einen nicht interessieren.

Beides ist sicher nicht immer angebracht, aber im alltäglichen Umgang mit Menschen so oft notwendig. Bringt es mich um, wenn das Gespräch sich einmal nicht um meine Belange dreht? Wenn ich nicht in aller Ausführlichkeit erzählen kann, dass ich mir den Daumennagel verbogen habe und es mir gerade nicht so gut geht, weil ich viel arbeiten muss? Bringt es mich um, in einem Gespräch einmal nichts zu sagen und nur zuzuhören, wenn es dem anderen offensichtlich wichtig ist, zu reden, auch wenn es mich vielleicht nicht brennend interessiert? Und muss ich ihm das denn unbedingt mit einem möglichst langen und desinteressierten Gesicht zeigen, dass es so ist?

In beiden Fällen ist das sicher nicht immer die richtige Lösung, denn ich darf auch im Vordergrund stehen, und es darf auch mal darum gehen, dass ich es gerade nicht leicht habe. Ich muss auch nicht immer die »Briefkastentante« sein, die sich die Sorgen und Nöte aller ihrer Mitmenschen anhört, ohne dass jemand jemals auf die Idee käme, sie nach ihrem Befinden zu fragen. Aber manchmal im Alltag, gerade im Umgang mit Menschen, die nicht oft Gelegenheit haben, mit anderen zu sprechen, ist es eine Kleinigkeit, ein paar Minuten und ein Kopfnicken zu erübrigen, um dem anderen etwas Gutes zu tun.

Der zweite Aspekt, der im Begriff »Demut« steckt, meint noch einmal etwas ganz anderes, was aber gerade heute von größter Aktualität ist: die Einsicht, dass wir nach wie vor nicht alles »machen« können als Menschen.

Zu Teresas Lebzeiten war der Mensch noch mehr oder weniger den Launen und Gefahren der Natur ausgesetzt: Es gab kaum medizinische Versorgung, Krankheiten hatten leichtes Spiel. Die Kindersterblichkeit bei oder kurz nach der Geburt war hoch. Überschwemmungen, Blitzeinschlägen, Sturm und Feuer waren die Menschen schutzlos ausgeliefert, es gab keine Elektrizität, also auch weder Straßenlampen noch Lichter in den Häusern, keine Heizung und auch keine Abwassersysteme. Von daher empfanden sich die Menschen meistens als völlig machtlos ihrem eigenen Schicksal gegenüber. Sie waren keine »Macher«, und ihre einzige Zuflucht vor diesem Ausgeliefertsein war oft Gott, unter dessen Schutz sie sich flüchteten.

Heute ist das anders: Wenn es dunkel ist, schalten wir das Licht ein. Wenn es stürmt, schließen wir Tür und Fenster und können uns in den allermeisten Fällen auf unser solide gebautes Haus verlassen. Wenn uns kalt ist, drehen wir die Heizung auf oder stellen uns unter die Dusche. Viele Krankheiten sind heilbar beziehungsweise bekommen wir erst gar nicht, weil die hygienischen Verhältnisse dies nicht zulassen.

Inzwischen können wir sogar Kinder »machen«, das heißt im Reagenzglas zeugen und uns dazu noch vorher überlegen, wie das Kind denn aussehen soll – jedenfalls wenn es mit Samenzellen aus der Spenderbank gezeugt wird. Wir kennen die DNA-Codes aller Lebewesen, haben in die kleinsten Atome und in die entferntesten Universen geschaut – und trotzdem gibt es immer wieder Dinge, die wir nicht »machen« können: den Tod und die Geburt zum Beispiel. Wachsen, Blühen, Vergehen. Die Jahreszeiten. Abend und Morgen. Oder einen anderen Menschen uns lieben machen. Krebs und HIV heilen. Aber auch ganz simple Dinge: ein Lachen auf ein Gesicht zaubern, Freundlichkeit, tröstende Worte. Gerade im zwischenmenschlichen Bereich gibt es so vieles, das uns einfach geschenkt wird, das wir aber absichtlich nicht »herstellen« können. Wir müssen einfach abwarten, ob es geschieht, ob es Wirklichkeit wird.

Dazu zählt beispielsweise auch, dass ich nicht »machen« kann, dass jemand wieder gut von einer Reise zurückkommt, dass er eine lange Autofahrt heil übersteht, dass er nach einer Operation wieder gesund wird. Oder ob einer, der einen lieben Menschen verloren hat, wieder zurück ins Leben findet, ob es etwas gibt, das ihm Trost spendet. Demut heißt für mich, all diese kleinen und großen Geschenke, die nicht in unserer Hand liegen, schätzen lernen, sich daran zu erinnern, dass es Geschenke sind und keine Selbstverständlichkeiten.

Neulich erzählte mir eine Freundin, dass sie, als sie am Abend wohlig seufzend unter die Decke in ihr Bett kroch, für sich dachte: »Mein Gott, ist Schlafengehen schön!« Und seit dem muss ich beim Schlafengehen immer daran denken, wie toll es ist, ein Bett zu haben, in das ich mich legen kann, ein Dach über dem Kopf, eine warme Decke, um sie mir über die Ohren zu ziehen. Und: ein Morgen, an dem die Sorgen zumindest allermeistens so klein sind, dass ich abends müde und ruhig einschlafen kann. Was für ein Luxus!

Søren Kierkegaard, der dänische Philosoph und Theologe, ist dazu noch viel mehr eingefallen: »Also, dass du das Nötigste bekommst, dass du erschaffen wurdest, dass du ein Mensch wurdest; dass du sehen kannst, bedenke, dass du sehen kannst, dass du hören kannst, dass du riechen, dass du schmecken, dass du fühlen kannst; dass die Sonne für dich scheint – deinethalben, dass, wenn sie müde wird, der Mond anfängt, und dann die Sterne angezündet werden, dass es Winter wird, dass die ganze Natur sich verkleidet, Verstecken spielt –, um dich zu vergnügen; dass das junge Grün sprießt und der Wald schön wächst und als Braut dasteht, um dir Freude zu schenken. Wenn dies nichts ist, worüber man sich freuen kann. Lerne darum von der Lilie und lerne vom Vogel, deinen Lehrern: zu sein heißt: für heute dasein, und das ist Freude.«

Aus dieser Demut heraus haben viele Menschen das Beten (wieder) gelernt. Sie haben erfahren: Ich verdanke mich nicht mir selbst, jemand, etwas, Gott hat gewollt, dass ich werde und dass ich bin. Dafür fühlten und fühlen heute noch viele Menschen einen Dank im Herzen, der sie erfüllt und den sie jemandem sagen wollen. So fangen sie an zu beten.

Für viele ist Beten heute eine ziemlich schwierige Angelegenheit, denn den Gebeten unserer Kindheit sind wir entwachsen, ihre Sprache ist nicht mehr unsere Sprache. Aber andere Gebete sind uns nicht geläufig, häufig haben wir auch die traditionellen vergessen, weil wir sie zuletzt ebenfalls als Kind gesprochen haben. Eine eigene Sprache zu finden ist schwierig, wenn man es nicht gewohnt ist, zu beten. Und überhaupt wissen wir oft nicht mehr, ob und mit oder zu wem wir dabei sprechen sollen.

Dann hilft vielleicht folgende Überlegung: Beten ist eigentlich nichts anderes, als Gott das eigene Leben hinzuhalten, ihm zu erzählen, wie es mir geht. »Das Gebet ist meiner Ansicht nach nichts anderes als ein Gespräch mit einem Freund«, sagt Teresa. So kann man es sich auch vorstellen. Und diesem Freund ist es eigentlich egal, wie Sie ihm etwas sagen. Es kommt mehr darauf an, was Sie ihm sagen und was Sie fühlen. Sagen Sie Ihren Dank, probieren Sie es aus. Und wenn Sie dann das Gefühl haben, diese Ansprache funktioniert nicht, dann haben Sie sich zumindest einmal bewusst gemacht, was Ihr Herz füllt, für was Sie alles dankbar sind in Ihrem Leben.

Nun ist das Leben aber kein Ponyhof und keine blühende Wildblumenwiese, sondern oft genug ist es hart, ungerecht und voller Leid. Und in diesem Zusammenhang finde ich Demut noch immer einen schwierigen Begriff. Man würde Unmenschliches von jemandem verlangen, den das Schicksal hart trifft, wollte man ihn dazu auffordern, dafür auch noch dankbar zu sein oder es gleichmütig hinzunehmen, weil er es ja sowieso nicht ändern kann. Manche Zeiten haben das gerade von den Gläubigen verlangt, und die, in denen Teresa lebte, gehörten dazu. Schaut man jedoch in die Bibel, so findet man dort ganz andere Vorbilder für den Umgang mit solchen Situationen: Gerade manche Psalmen sind Texte, in denen der Beter alles andere als einverstanden ist mit seinem Schicksal. Er hadert mit Gott, schreit zu ihm, schreit ihn sogar an. Er fleht und klagt, klagt Gott an, wie er es zulassen kann, dass ihm so etwas widerfährt.

Ein anderes Beispiel ist das Buch Hiob. Auch Hiob geht mit Gott schwer ins Gericht, er klagt ihn an und wütet und schreit. Demut meint also in einer solchen Situation nicht, sich wie ein Lamm zur Schlachtbank führen zu lassen oder aber stumm zu leiden, ohne einen einzigen Klagelaut. Aber was kann es dann bedeuten?

Nach einer Phase, in der die Wut und die Ohnmacht die Oberhand hatten, folgt für viele Betroffene eine Zeit, in der sie beginnen zu überlegen, ob sie das Geschehene nicht annehmen, ob sie damit nicht anders als destruktiv umgehen können, ob es eine Möglichkeit gibt, auch hier einen Schritt zurückzutreten und alles noch einmal mit anderen Augen zu betrachten. Bei einer Trennung kann man zum Beispiel überlegen: Was hat uns hierher gebracht, in diese Situation? Wo habe ich meinen Anteil daran, dass die Beziehung zerbrochen ist? Was ist schiefgelaufen? Welchen Fehler möchte ich kein zweites Mal machen?

Das könnte man in diesem Fall unter Demut verstehen. In solchen Situationen können wir aber jeweils nur selbst entscheiden, wie wir damit umgehen und ob wir es vielleicht schaffen, dem Ganzen etwas abzugewinnen, was uns hilft, unseren weiteren Weg zu gehen. Denn ähnlich wie Schmerz ist Trauer etwas, was man nicht wirklich mit jemand anderem teilen kann. Man muss es mit dem eigenen Leib erfahren und verarbeiten. Als Außenstehender einem Trauernden eine solche Sicht der Dinge »an den Kopf zu werfen« oder vorzuschreiben, wäre alles andere als demütig, sondern eher anmaßend.

Viele Menschen, die eine solche Situation überstanden haben, erzählen jedoch hinterher, dass sie dadurch stark geworden sind, erwachsen, bereit, sich dem Leben mit neuem Verantwortungsbewusstsein zu stellen. Manche haben sogar noch einmal ganz von vorne angefangen, beispielsweise nach einer Trennung oder Scheidung. Wenn man mit Trauernden spricht, spürt man oft, welche Kraft von ihnen ausgeht. Am Ende sind sie es oft, die andere trösten, nicht umgekehrt. Viele gehen mit einer tieferen Freude und einer großen Gelassenheit an das heran, was das Leben nun für sie bereithält. Und beinahe alle, die durch eine solche Lebenskrise gegangen sind, zitieren irgendwann den alten Kölner Spruch: »Es gibt nichts, das so schlecht wäre, dass es nicht auch noch sein Gutes hätte.« Man merkt ihnen an, dass sie sich mit ihrem neuen Schicksal arrangiert haben, sogar damit einverstanden sind, ohne dass dadurch ihre Trauer oder ihr Verlust kleiner werden würde. Und gerade jenen, die einen geliebten Menschen verloren haben und so unmissverständlich mit der Endlichkeit des Lebens konfrontiert worden sind, spürt man eine Freiheit und Gelassenheit Dingen gegenüber an, die im Leben vieler anderer eine so bedeutende Rolle spielen, dass sie jede Zelle ihres Gehirns besetzt halten. Und darum geht es im nächsten Kapitel.

Haben Sie in Trauer oder bei einem anderen Schicksalsschlag schon einmal ähnliche Erfahrungen gemacht?

»Denn wer nichts mehr wünscht, besitzt alles«

ZUFRIEDENHEIT

Zufriedenheit – das hört sich ein bisschen nach jemandem an, der vollgefuttert auf der Couch sitzt, selig vor sich hin lächelt und sich in den nächsten Stunden nur rühren wird, sollte es Feueralarm geben – alles, was unspektakulärer und weniger gefährlich ist, wird er einfach ignorieren.

Worum es mir in diesem Kapitel geht, hat in der Tat etwas mit »satt sein« und vor allem mit seligem Lächeln zu tun, weniger jedoch mit Unbeweglichkeit und Interessenlosigkeit. Dazu vielleicht eine kleine Weisheitsgeschichte:

Ein Mann wollte mit dem Schlafwagen auf eine Insel reisen. Als er in den Zug stieg, lag sein Mitreisender im Zweierabteil schon im oberen Bett und schlief offensichtlich. Der Zugestiegene zog sich schnell um und begab sich auch auf seine Pritsche. Nach kurzer Stille begann der Mann im oberen Bett zu stöhnen: »O Gott, habe ich einen Durst. Ich habe solchen Durst!« Der Mann im unteren Bett war verwundert, versuchte aber, endlich einzuschlafen. Nach ein paar Minuten hörte er wieder: »O Gott, habe ich einen Durst. Ich habe solchen Durst!« Er drehte sich auf die andere Seite und hielt sich die Ohren zu. Kaum hatte er die Hände weggenommen, ging das Gestöhne von oben wieder los. Der Mann im unteren Bett machte das Licht an, angelte die Wasserflasche aus seinem Gepäck, hielt sie dem Mann im oberen Bett hin und sagte: »Hier, trinken Sie!« Der andere schaute ihn erstaunt an, griff dann aber nach der Flasche und trank gierig. »Danke, Sie haben mir wirklich das Leben gerettet!«, sagte er atemlos, als er endlich die Flasche absetzte. »Schon gut. Dann wünsche ich eine gute Nacht«, antwortete er, löschte das Licht und legte sich wieder ins Bett. Ein paar Minuten war es still, dann hörte der Mann im unteren Bett ein Stöhnen von oben: »O Gott, war ich durstig! Ich hatte solchen Durst!«

Es gibt Menschen, die sind nie zufrieden. Ihnen fehlt immer irgendetwas zu ihrem Glück: ein neues Laptop, ein größeres Haus, ein teureres Auto. Das bezieht sich aber nicht immer nur auf Gegenstände oder Konsumgüter. Oft sind sie auch grundsätzlich unglücklich über ihren Job, den sie gerade machen. Sie wollen einen anderen Arbeitsplatz, eine höhere Stellung, mehr Lohn.

Bei manchen liegt im Privaten der Hase im Pfeffer: »Wenn erst mal die Schwiegermutter ausgezogen ist, dann wird auch die Beziehung wieder funktionieren.« »Wenn ich erst mal dreißig Kilo abgenommen habe, dann kann ich endlich all das machen, was ich mir wünsche.« »Wenn mein Partner erst mal dreißig Kilo abgenommen hat, sich endlich den scheußlichen Bart abrasiert und vernünftige Klamotten trägt, wenn er erst mal aufhört, ständig Fußball zu schauen, dann kann ich ihn auch wieder lieben.«

Diese Unzufriedenheit hat unterschiedliche Gründe. Zum einen neigen wir dazu, uns mit anderen Menschen zu vergleichen: »Was hat der, was ich nicht habe? Der hat aber ein größeres Stück vom Kuchen bekommen! Ich will auch so einen Porsche, das steht mir doch genauso zu!« Zum anderen schauen wir oft nur auf das, was wir nicht haben, statt uns über das zu freuen, was wir bereits besitzen, ob das nun etwas Materielles ist oder so etwas wie Idealgewicht, perfekte Lebensumstände oder einen – in unseren Augen – perfekten Partner.

Sich mit anderen zu vergleichen kann nur ins Unglück führen, denn es wird immer jemand geben, der noch mehr Geld hat als ich, noch besser aussieht, einen noch besseren Job hat, der klüger ist oder besser kochen kann. Und wenn Sie Menschen kennen, die immer darüber jammern, was gerade alles nicht stimmt in ihrem Leben, dann werden Sie vielleicht schon bemerkt haben, dass es diesen geht wie dem Ehepaar in dem Märchen »Der Fischer und seine Frau«: Jeder erfüllte Wunsch gebiert sofort einen neuen, noch größeren und vor allem unerfüllbaren Wunsch. »Eine der Lügen der Welt ist es, Menschen Herren zu nennen, da sie doch in Wirklichkeit nur Sklaven sind von tausenden Dingen«, fasst es Teresa in ihre Worte.

Oft sind auch gerade diese Menschen es, denen man nichts recht machen kann, die an allem etwas auszusetzen haben. Vielleicht kennen Sie die Geschichte von der Mutter, die ihrem Sohn ein Hemd zu Weihnachten schenken wollte. Im Geschäft konnte sie sich dann nicht entscheiden, ob sie das weiße oder das blaue nehmen soll, also kaufte sie beide. Bei nächster Gelegenheit trug der Sohn das blaue Hemd zum Anzug und zeigte es ihr stolz. Da meinte die Mutter mit säuerlichem Gesicht: »Das andere hat dir wohl nicht gefallen?«

Meistens wollen diese Menschen auch gar nicht wirklich, dass eine Situation besser wird oder dass man ihnen einen Weg zeigt, wie sie das, was sie beklagen, abstellen können. Sie möchten ihren Grund zum Klagen behalten, weil sie damit auch die Verantwortung dafür, etwas zu ändern, anderen in die Schuhe schieben: dem Chef, der einen im Job verkennt und aus reiner Bosheit die Stelle an den Kollegen vergeben hat; dem Partner, der überhaupt ganz unmöglich ist und mit dem man eigentlich nicht glücklich werden kann; den Lehrern, die keine Ahnung vom Unterricht und von der Seele der Kinder haben und deshalb der Tochter schlechte Noten geben – und weil sie sie nicht leiden können; den Politikern, den Schiedsrichtern beim Fußball, den Ausländern, der Jugend von heute ... Es wird sich schon jemand finden, der schuld ist – außer einem selbst.

Um aus diesem Teufelskreis der Wünsche, die ständig neue gebären, herauszufinden, ist es gar nicht nötig, irgendetwas an den Lebensumständen zu ändern oder einen Haufen Geld zu erben, um sich all das leisten zu können. Vielmehr geht es um eine Änderung im Kopf, eine andere Haltung dem Leben gegenüber. Und dazu muss man sich vor allem in zwei Dingen üben: dem Seinlassen und dem Loslassen.

Oft gelingt das aber erst, wenn man schon ein Stück auf dem Weg zu sich selbst gegangen ist, denn man braucht dazu sowohl den »dritten Blick in den Spiegel« als auch die Fähigkeit, sich selbst zu lieben. Und vor allem braucht man die Möglichkeit, einen Schritt von sich und seiner Welt zurücktreten zu können.

Erst aus dieser Perspektive kann ich entscheiden, was wirklich wichtig ist in meinem Leben, und was ich getrost los- und seinlassen kann. Teresa geht sogar noch einen Schritt weiter: »Ich glaube aber fest, dass der Herr einen, der sich wirklich in der Demut und im Loslassen übt, ... dass der Herr es dann nicht versäumen wird, uns diese Gnade und noch viele weitere zu erweisen, die wir nicht einmal zu ersehnen vermögen.« Und das ist eine Erfahrung, die tatsächlich viele machen, die das Loslassen gelernt haben: dass ihnen etwas geschenkt wird, von dem sie manchmal gar nicht wussten, dass der Wunsch danach in ihrem Herzen schlummert.

Loslassen und Seinlassen sind keine einfachen Übungen, und oft lernt man es erst, wenn man das Gegenteil davon am eigenen Leib erlebt hat: Mangel und Verlust. Es ist wohl eine grundmenschliche Eigenschaft, dass man in den meisten Fällen nur aus Fehlern oder Not lernt, selten jedoch durch die Weisheit anderer oder besseres Wissen (es sei denn, hinterher). Daher begreifen wir meistens erst, was wir hatten, wenn wir es verloren haben, ob es sich dabei nun um einen geliebten Menschen, den Job oder einen Gegenstand handelt.

Doch gerade wenn wir etwas verloren haben, was uns existenziell betrifft (einen Gegenstand, den man verliert – selbst wenn er hohen persönlichen Wert hatte – wird man in der Regel verschmerzen können), spüren wir, dass dieser Verlust ein »Loch« hinterlässt, das mit nichts anderem zu füllen ist. Gerade wenn ein Mensch stirbt, den wir geliebt haben, bleibt er für uns für den Rest unseres Lebens unersetzlich.

Und manchmal ist es dann dieses »Loch«, das uns lehrt, einen Schritt von unserem bisherigen Leben zurückzutreten und im Betrachten zu erkennen, was wirklich zählt. Wenn ein Mensch stirbt, schrumpfen der Ärger, den man im Büro hatte, die Sorgen, die man sich über so viel Alltägliches gemacht hat, und vieles andere, was einen tagtäglich beschäftigt, auf Erbsengröße zusammen. Plötzlich kann man es gar nicht mehr begreifen, worüber man sich eigentlich aufgeregt hat, denn angesichts der Trauer, die einen umfängt, und des Verlustes, der einem in der Seele brennt, ist alles andere zweitrangig und unwichtig.

Man fragt sich dann manchmal auch, wie man über eine solche Nichtigkeit mit einem Freund streiten konnte oder warum es nicht möglich ist, den Familienzwist über ein Ereignis, an das sich eigentlich niemand mehr so richtig erinnert, endlich beizulegen. Manche schaffen es, sich über dem Grab nach vielen Jahren die Hände zu reichen, weil der Tod alles verändert und gemeinsam empfundene Trauer sogar Menschen verbindet, die vorher »Feinde« waren.

Natürlich geht das Leben auch für Trauernde weiter, und die Alltagssorgen kehren spätestens nach der Beerdigung in ihr Leben zurück. Aber oft haben sie jetzt eine andere Bedeutung oder vielmehr einen anderen Stellenwert als zuvor. Gemessen am Verlust des geliebten Menschen bleiben sie etwas, was zwar erledigt werden muss, aber eigentlich unwichtig ist. Sie geraten nicht wieder so in den Vordergrund wie vor dem Verlust. Viele lächeln dann beinahe wehmütig darüber, was ihnen vor dem Tod ihres lieben Menschen alles von Bedeutung erschien. Und wenn man Trauernde nach ihren Wünschen fragt, dann spielen das neue Auto, der Job als Teamleiter oder auch der Lottogewinn dabei überhaupt keine Rolle mehr. Das alles ist dem einzigen Wunsch gewichen, der nicht mehr erfüllbar ist: dass der Mensch, der gestorben ist, wieder lebt.

Trauernde müssen auf harte Weise das Loslassen und das Seinlassen lernen. Viele schaffen es erst nach Jahren, den Menschen, den sie verloren haben, tatsächlich loszulassen. Damit meine ich nicht, dass man ihn vergisst und es einem egal wird, ob er tot oder lebendig ist. Das wird niemand schaffen, der einen anderen Menschen wirklich geliebt hat. Das würde ihm auch nicht helfen, mit dem Verlust zu leben, sondern diesen lediglich verdrängen. Mit Loslassen meine ich, sich in irgendeiner Weise mit dem Tod einverstanden zu erklären, zu akzeptieren, dass er ein Teil des Lebens ist und zu unserem menschlichen Dasein dazugehört. Sich einverstanden zu erklären macht den

Verlust nicht geringer und auch den Schmerz nicht kleiner, aber es gibt einerseits dem Tod und der Trauer einen Platz im Leben derer, die zurückbleiben.

Und zweitens hilft es ihnen, damit weiterzuleben, ohne ständig in Wut und Hilflosigkeit angesichts eines solchen Schicksals gefangen zu bleiben. Dieses Einwilligen in die Realität des Todes verwandelt – nicht nur die Beziehung zum Toten, sondern auch die der Trauernden zu den Lebenden: Es gelingt ihnen, den Toten so zu sehen, wie er war, mit all seinen guten und auch mit all seinen schlechten Eigenschaften. Der Tote braucht nun keinen »Glorienschein« mehr, der ihn als unfehlbaren Menschen erscheinen ließ, solange die Wut und der Zorn über den Verlust oder aber die Einsamkeit des Zurückbleibenden die Oberhand hatten. Erinnerungen empfinden sie nun als unglaublich großen Schatz, den ihnen niemand mehr nehmen kann. Vieles brennt noch immer auf ihrer Seele, weil die Trauer nicht weniger geworden ist, aber trotzdem erinnern sie sich gern an den Toten, vor allem an die glücklichen und schönen Stunden, die sie gemeinsam verbracht haben. Dann geht die Dankbarkeit, das erlebt haben zu dürfen, über die Trauer, dies nun nicht mehr erleben zu können.

Und die Lebenden? Vielen wird bewusst, wie wichtig ihnen Verwandte und Freunde sind – gerade in der Einsicht, dass auch sie eines Tages sterben werden. Oft bekommen dann die Beziehungen, die man zu anderen Menschen hat, eine ganz neue Tiefe. Außerdem macht es viele »milder«, sowohl in ihrem Urteil über andere als auch im Umgang mit ihren Ecken und Kanten. Sie verstehen, wie einzigartig jeder Einzelne ist und dass man ihn nach seinem Tod vielleicht auch genau deshalb vermisst, weil er so ist, wie er ist. Das meine ich mit Sein-Lassen: Jemanden so sein zu lassen, wie er ist, und ihn nicht nach den eigenen Vorstellungen verändern zu wollen, damit er in ein Schema passt oder zu dem Bild, das man sich von ihm gemacht hat.

Wie schön wäre es, all das leben zu können, ohne vorher einen Verlust erfahren zu haben! Aber das ist nicht einfach. Vielleicht gelingt es, wenn wir uns an ein mittelalterliches Motto erinnern: »Memento mori« – »Denke daran, dass du sterben musst!« In seiner Entstehungszeit hatte dieser Satz viele Aspekte, aber einer davon ist auch für uns heute noch von großer Bedeutung: dass wir uns darüber bewusst werden müssen, von Geburt an mit jedem Atemzug unserem eigenen Tod etwas näher zu kommen – und alle anderen Menschen und Lebewesen auch. Das lässt sich nicht in jeder Stunde und Minute umsetzen, und so ist es auch nicht gemeint. Es geht nicht darum, uns das Leben hier auf der Erde »madig« zu machen, oder alles, was »irdisch« ist, als vergänglich und damit nichtig abzustempeln. Vielmehr steckt darin die Botschaft: Lebe jeden Tag so, als sei es dein letzter. Wenn du in diesem Wissen handelst, bekommen die Dinge eine andere Bedeutung, relativiert sich vieles, betrachtest du die Menschen und Lebensumstände mit anderen Augen. Auch das ist keine leichte Aufgabe, zumal der Tod und alles, was thematisch zu ihm gehört, in unserer Gesellschaft noch immer »aussätzig« behandelt wird. Dabei verliert er seinen Schrecken, wenn man ihm ins Auge schaut und ihn als Teil des Lebens betrachtet. Das hat nichts mit einer morbiden Neigung zu tun. Es bedeutet auch nicht, dass man sich ständig mit ihm beschäftigen müsste. Aber wenn man es beispielsweise schafft, jeden Abend auf den Tag zurückzublicken und sich zu überlegen, was von ihm bleiben würde, wäre es der letzte Tag, dann verschwinden oft Groll und Ärger und machen Platz für die guten Momente, für Dinge und Begegnungen, die man in Erinnerung behalten möchte. Es stellt sich eine Gelassenheit ein, die Freiheit schenkt, weil man sich weder an Ärger noch an Dinge gebunden fühlt. Man spürt, dass man sie los- und seinlassen kann, weil sie keine bleibende Bedeutung haben.

Eine zweite Wirkung einer solchen Übung: Wenn ich die schönen Momente des Tages anschaue und in das Gesamt meines momentanen Lebens einordne, wird mir vielleicht auffallen, dass ich gerade glücklich bin. Und das, obwohl ich immer noch kein neues Handy oder Auto habe, ohne Millionär zu sein und ohne dass der Mensch, der neben mir im Bett liegt, ein anderer geworden ist. Eigentlich hat sich nichts zu vorher verändert – außer meiner Einstellung dazu oder vielmehr der Betrachtungsweise. Ich werde auch noch immer Wünsche haben, das heißt, ich würde mich auch in dieser Situation noch über ein neues Handy freuen. Aber ich stelle dann fest: Mein Glück hängt nicht daran, ob sich der Wunsch erfüllt oder nicht.

Und die dritte Wirkung: Wenn ich mir abends überlege, was gut und was schlecht war an diesem Tag, und mir Dinge in den Sinn kommen, die mich belasten – ein Streit, in dem es um mehr ging als ums Rechthaben, eine Begegnung, die aus meiner Schuld heraus missglückt ist, eine Situation beim Arbeiten, die seit Längerem besteht und mit der ich nicht fertig werde –, dann werde ich mit dieser Haltung daran gehen, etwas zu ändern. Ich werde vielleicht versuchen, mit dem Menschen noch einmal zu reden, den ich verletzt habe oder der mich verletzt hat. Oder ich schaffe es sogar, den Kollegen oder meinen Chef anzusprechen, dass es mir beim Arbeiten nicht gut geht und ihn zu fragen, wie man das ändern könnte. Oder ich raffe mich endlich auf und suche mir einen anderen Job, statt weiter zu jammern, weil ich einsehe, dass es dort, wo ich bin, keinen Ausweg aus der belastenden Situation gibt.

Für Teresa ist der Weg zu sich selbst der Weg zu Gott – ihn in sich gefunden zu haben ist für sie das höchste Ziel. Wie sie den Menschen beschreibt, der Gott gefunden hat, drückt jedoch die gleiche Haltung aus, wie sie hier eben beschrieben wurde. Und aus diesem Abschnitt aus ihrem »Buch der Klosterstiftungen« stammt auch der Satz, der diesem Kapitel den Namen gab: »Jene Freiheit des Geistes ist so kostbar und wünschenswert und eine Eigenschaft der Vollkommenheit. In dieser Freiheit besteht alle Glückseligkeit, die man im Leben nur wünschen kann; denn wer nichts mehr wünscht, besitzt alles. Solche Seelen fürchten nichts und verlangen nichts mehr auf Erden; Leiden verwirren sie nicht, Freuden regen sie nicht auf; nichts in der Welt kann ihnen den Frieden rauben, weil dieser von Gott allein abhängt, von dem nichts sie trennen kann. ... Alles in der Welt scheint ihnen gar keine Bedeutung zu haben, weil nichts ihre Glückseligkeit vermehren noch mindern kann.«

»Wer nichts mehr wünscht, besitzt alles« – in meinen Augen heißt das nicht, dass man keine Wünsche mehr hat, ob nun materielle oder in Form von Zielen, die man für die eigene Zukunft gerne erreichen möchte. Vielmehr meint das den Umstand, von diesen Wünschen nicht mehr abhängig zu sein, das heißt: Wenn sie sich nicht erfüllen, kann mein Leben trotzdem glücken. Das ist auch der Sinn, der hinter dem zweiten Teil des Zitates steckt, denn niemand, der wirklich Mensch ist – und Teresa würde sich da sicher nicht ausnehmen –, würde von sich behaupten, dass er sich dann zukünftig über nichts mehr aufregt und gleichgültig bleibt, wenn ihm oder einem anderen Leid widerfährt.

Ebenso wenig wird er sich abgewöhnen wollen, sich unbändig über etwas zu freuen. Vielmehr geht es um einen tiefen Frieden, der sich durch diese Haltung in einem breitmacht. Er ermöglicht es, all das, was das Leben für einen bereithält, anzunehmen und damit zu leben, was auch immer es sein mag. Und sollten die Emotionen im guten wie im schlechten Sinn noch so hoch gehen: Dieser Friede bleibt bei uns, wenn sich die Wogen wieder geglättet haben.

Wie komme ich aber nun zu einer solchen Haltung, die mir diesen inneren Frieden beschert? Darum geht es im nächsten und im übernächsten Kapitel.

Würden Sie sich als zufriedenen, als glücklichen Menschen bezeichnen?

Welche Wünsche haben Sie (noch)? Was ändert sich, wenn sie sich erfüllen?

Fällt es Ihnen schwer, loszulassen, sein zu lassen?

»Wenn Rebhuhn, dann Rebhuhn, wenn Fasten, dann Fasten«

KONSEQUENZ

»Wenn Rebhuhn, dann Rebhuhn, wenn Fasten, dann Fasten« – dieser prägnante Satz von Teresa hat viele Aspekte, und man könnte ihn beinahe als eine Art Programm verstehen, in dem eine Anleitung zum »guten Leben« steckt.

»Wenn Rebhuhn, dann Rebhuhn, wenn Fasten, dann Fasten« – wie gerne würde ich manchmal den Frauen, mit denen ich privat und beruflich beim Essen sitze, das als Motto auf ihre Serviette schreiben. Kennen Sie das? Sie sitzen im Restaurant und möchten bestellen, Ihnen gegenüber ein weibliches Wesen, dem der Kampf mit sich selbst beinahe schon am Gesicht abzulesen ist. Eigentlich würde sie schrecklich gerne Schnitzel mit Pommes bestellen – und als die Kellnerin am Tisch steht, nimmt sie dann doch den Rohkostsalat, im höchsten Fall mit gegrillten Hähnchenbruststreifen. »Du weißt ja, ich muss auf meine Figur achten«, kommt dann beinahe als Entschuldigung hinterher. Oder noch schlimmer: »Ach, ich habe gar keinen Hunger!« Natürlich möchte ich nicht jedem, der Rohkostsalat mit Hähnchenbruststreifen bestellt, unterstellen, dass er das eigentlich verabscheut und viel lieber Schnitzel mit Pommes essen würde, aber oft ist es tatsächlich so: Frauen essen das, was gut für ihre Figur oder gesund ist – oder aber das, was sie denken, was andere von ihnen erwarten.

Ich kann mich erinnern, dass ich einmal nach einem wirklich langen Arbeitstag, an dem ich mit dem Zug von Stuttgart nach Hamburg und am gleichen Tag wieder zurückgefahren bin, spät abends im Abteil saß und meine belegten Brote auspackte, die ich glücklicherweise morgens noch geschmiert hatte. Ich hatte wohl schon geahnt, dass ich den ganzen Tag nicht zum Essen kommen würde. Als ich gerade das zweite Brot auswickelte, schaute mich ein offensichtlich übergewichtiger Herr, der mir schräg gegenüber saß, erstaunt an und meinte beinahe vorwurfsvoll: »Na, Sie haben aber einen ganz schönen Appetit!« Ich hatte überhaupt keine Lust, mich vor diesem Menschen zu rechtfertigen, noch ihm die Geschichte von meinem Tag zu erzählen, also sagte ich einfach: »Ja, na und?« und schaute ihn herausfordernd an. »Ich meine ja nur«, kam die etwas kleinlaute Antwort, und ich vertiefte mich wieder voller Freude in mein Käsebrot. Ich habe sicher keine Modelfigur, ich bin aber auch nicht übergewichtig, aber einmal ganz abgesehen davon fand ich diese Bemerkung einfach unverschämt. Warum sollte ich mich dafür rechtfertigen müssen, wenn ich mit gutem Appetit, offensichtlichem Bärenhunger und einer Menge Freude esse, bis ich satt bin?

Ich glaube, dass es viele Frauen gibt, die das Gefühl, sich satt zu essen, gar nicht mehr kennen. Sie trauen sich nicht, ihren Teller wirklich leer zu essen oder schwärmend am Tisch zu sitzen und in dem Genuss des guten Essens zu schwelgen. Sie haben Angst, dass sie davon zunehmen und ihre mühsam erarbeitete Figur verlieren oder dass sie von einem anderen Vertreter der Spezies »Mann im Zug« schräg angeschaut werden, weil viele das Frausein mit Essen wie ein Vogel verbinden.

Natürlich gibt es auch den umgekehrten Fall: dass Menschen nicht mehr wissen, was es heißt, satt zu sein. Sie essen seit Jahren über diesen Punkt hinaus einfach weiter – vielleicht, weil sie zu Hause immer den Teller leer essen mussten und nichts übrig bleiben durfte. Vielleicht, weil das Essen inzwischen für sie der Ersatz ist für das, was in ihrem Leben fehlt, sei es die Liebe oder Freundschaft eines anderen, sei es die Liebe zu sich selbst. Auch sie haben Angst vor dem, was andere von ihnen denken. Also belügen sie sich selbst und ihre Mitmenschen. Sie erzählen von Diäten, von denen sie genau wissen, dass sie sie nicht einhalten. Sie sagen oft, dass sie gar nicht so viel essen und daher gar nicht wüssten, woher ihr Übergewicht wirklich käme – und verschlingen dann zu Hause, wenn keiner hinschaut, alles, was sich findet.

In beiden Fällen haben die Menschen verlernt, konsequent zu sein. Und genau diese Botschaft steckt in Teresas Satz: »Wenn Rebhuhn, dann Rebhuhn, wenn Fasten, dann Fasten.« Konsequent zu sein bedeutet ja nicht nur, auf etwas zu verzichten, also beispielsweise eine Diät durchzuhalten. Das wäre dann nur der eine Teil des Satzes: »Wenn Fasten, dann Fasten.« Konsequent sein heißt auch, zu dem zu stehen, was man ist – und damit auch, was man isst. Das meint: Wenn ich mich dazu entscheide, essen zu gehen oder zu Hause etwas zu kochen, dann darf ich das mit Lust tun – »wenn Rebhuhn, dann Rebhuhn«. Und ich darf es mit Hunger und Appetit genießen. Es darf eine Wonne sein, sich den Bauch zu füllen, vielleicht einen guten Wein dazu zu trinken, den Espresso zum Nachtisch oder auch den Eisbecher zu bestellen, wenn mir denn danach ist oder ich noch Hunger habe.

Konsequent sein bedeutet aber auch nicht nur essen mit Lust und so viel ich will, sondern beinhaltet genau die beiden Pole, von denen Teresa in ihrem Satz spricht: zu essen, wenn es Zeit ist zu essen, und zu fasten, wenn es Zeit zum Fasten ist. Wann es für das eine oder andere Zeit ist, entscheide ich selbst – und dann halte ich mich daran! Dann brauche ich nicht mehr jedem von meiner neuen Orangendiät zu erzählen und mir heimlich den Schreibtisch mit Süßigkeiten zu füllen, die ich mir in den Mund schiebe, sobald keiner hinschaut. Dann brauche ich aber auch nicht das halbe Essen auf dem Teller liegen zu lassen und zu behaupten, dass ich keinen Hunger mehr habe, obwohl ich schrecklich Lust hätte, alles aufzuessen.

Letztlich hat Konsequenz etwas mit Verantwortung für mich selbst zu tun – und damit, mich selbst in dem, was ich sage und tue, ernst zu nehmen. Es kann mir egal sein, was andere über meine Figur oder meine Essgewohnheiten denken. Wichtig ist, dass ich mich mit mir, so wie ich bin, wohl fühle. Und: dass das auch stimmt und nicht ein vorgeschobenes Argument ist, um so zu bleiben wie ich bin, dick oder dünn.

Und schon sind wir wieder am Anfang des Weges: beim Blick in den Spiegel. Letztlich bedeutet Konsequenz, sich selbst in die Augen zu schauen und zu sagen: Das bin ich, mit allem, was dazugehört. Wenn sich daran etwas ändern soll, dann, weil ich das will. Was nicht zählt, sind Ausreden: »Die anderen verlangen das von mir ...«, »Was sollen denn die Leute sagen«, »... sonst brauch ich da gar nicht mehr hinzugehen«. Was in Bezug auf Konsequenz für Essen und Trinken gilt, lässt sich auf beinahe alle anderen Lebensbereiche übertragen.

Ein weiterer Aspekt, der in Teresas Satz vom Fasten und vom Rebhuhn steckt, lässt sich gut an einer kleinen Geschichte illustrieren, die einige von Ihnen vielleicht schon kennen: Ein paar Schüler kamen zum Meister und fragten ihn: »Meister, was tust du, um so glücklich und zufrieden zu sein, wie du es bist? Wir wären auch gerne so glücklich wie du.« Der Alte antwortete mit mildem Lächeln: »Wenn ich liege, dann liege ich. Wenn ich gehe, dann gehe ich, und wenn ich esse, dann esse ich.« Die Schüler schauen sich etwas betreten an. Schließlich sagt einer von ihnen: »Entschuldige, aber das verstehe ich nicht. Was du sagst, tun wir auch: Wir schlafen, essen und gehen. Aber trotzdem sind wir nicht glücklich. Was ist also dein Geheimnis?« Wieder antwortet der Meister: »Wenn ich liege, dann liege ich. Wenn ich gehe, dann gehe ich, und wenn ich esse, dann esse ich.« Aber er spürte die Unruhe seiner Schüler und das leise Murren, das sich unter ihnen ausbreitete. Also fügte er hinzu: »Sicher liegt auch ihr und ihr geht und esst auch. Aber während ihr liegt, sind eure Gedanken schon beim Aufstehen. Während ihr aufsteht, überlegt ihr euch schon, wohin ihr gehen wollt, und während ihr geht, fragt ihr euch, was ihr essen werdet. So sind eure Gedanken ständig woanders, nur nicht dort, wo ihr gerade seid. Im Schnittpunkt zwischen Vergangenheit und Zukunft findet das eigentliche Leben statt. Lasst Euch darauf ein, lebt den Augenblick, und ihr habt die Chance, wirklich glücklich und zufrieden zu sein.«

Genau das meint auch Teresa, wenn sie an anderer Stelle einmal sagt: »Wie selten sind doch die Menschen, die das, was sie tun, ganz tun.« Meistens eilen uns unsere Gedanken voraus: »Morgen muss ich noch ...« »Wenn doch nur schon nächste Woche wäre, weil dann ...« Oder sie bleiben in der »guten alten Zeit« hängen, in der angeblich alles besser war. Im Augenblick jedoch sind wir selten ganz anwesend.

Es gibt viele Bücher, in denen zu lesen ist, wie man spirituell Kartoffeln schälen oder dass man auch das Staubsaugen genießen kann, wenn man darin einen Augenblick findet, den man ganz für sich hat. Ich möchte das alles nicht schmälern, aber einige dieser Tipps sind einfach nicht alltagstauglich. Und: Man kann als Mensch nicht immer im Augenblick anwesend sein, dazu trägt jeder von uns zu viel Verantwortung für sein eigenes Leben und oft genug noch für das anderer mit. Manchmal muss man eben beim Bügeln darüber nachdenken, was bis zum Wochenende noch zu erledigen ist, oder sich während man duscht Gedanken über das Konzept der Präsentation machen, die man am nächsten Morgen halten soll.

In Teresas Satz »Wenn Rebhuhn, dann Rebhuhn, wenn Fasten, dann Fasten« steckt dagegen eine Lebensweisheit, die ganz alltäglich lebbar ist: Erlaube dir etwas! Und wenn du das tust, dann tu es mit gutem Gewissen. Und wenn es die Situation erfordert: Beiß die Zähne zusammen. Aber dann jammere auch nicht über dein Schicksal, sondern entscheide dich bewusst dafür, dass es jetzt so ist. Dann darf ich es auch mal ganz schrecklich langweilig und doof finden, dass ich jetzt das Badezimmer putzen muss. Und ich darf mich darüber ärgern, dass ich nun Kartoffeln schälen soll, statt mich mit einem Kaffee in die Sonne zu setzen, weil es eben sonst nichts zu essen gibt. Ich kann es doof finden und langweilig und ärgerlich – und dann mache ich es, ohne weiter zu lamentieren, so lange, bis es fertig ist – »wenn Fasten, dann Fasten«.

Das heißt aber auch umgekehrt: Wenn du die Wahl hast, Kartoffeln zu schälen oder in der Sonne zu sitzen (weil die Kartoffeln auch noch eine halbe Stunde warten können, die Sonne aber nur gerade *jetzt* scheint), dann entscheide dich auch mit gutem Gewissen dafür, dir die Sonne auf die Nase scheinen zu lassen. Sag oder denk nicht: »Ja, aber eigentlich müsste ich ja ... und außerdem muss ich noch was vorbereiten und einkaufen und ...«, sondern gönn es dir, ganz entschieden: »Ja, ich möchte jetzt in der Sonne sitzen, hier ist es wunderschön, und es macht mich genau jetzt glücklich, hier zu sein.«

Der Satz von Teresa ist für mich so etwas wie die Befreiung vom schlechten Gewissen. Das meint nicht, dass er mir einen Freibrief dafür gibt, das zu tun und zu lassen, was ich gerade will, und eine Ausrede ist, wenn ich meinen Verpflichtungen nicht nachkomme. Es ist vielmehr der Freispruch davon, dass wir nie genau das und genug von dem tun, was wir tun sollten, und nie wirklich gut so sind, wie wir gerade sind.

Das finde ich auch das Schwierige an den eben erwähnten Büchern: Es kommen mir zu oft die Worte »Sie sollten jetzt« darin vor. Wenn ich beispielsweise gar keiner Katze begegnete, die ich heute auf meinem Weg zur Arbeit streicheln »sollte«, oder wenn ich gar keinen Tee mag, den ich mir jetzt mal gönnen »sollte«, dann habe ich wieder das Gefühl, »nicht richtig« zu sein, obwohl es eigentlich ein gut gemeinter Rat war, dessen Ziel es ist, mich genau von diesem Sollen zu befreien.

Teresa dagegen sagt: Was du »solltest«, das entscheidest allein du. Aber wenn du dich dafür entschieden hast, dann nimm dich auch so ernst, dabei zu bleiben. Dann gönn dir was, wenn es dir danach ist, oder verzichte darauf, wenn dir das sinnvoller erscheint. Aber sag nicht: »Ich sollte aber eigentlich ...«

Ein dritter Aspekt, der für mich in diesem Satz steckt, ist der, der schon im biblischen Text in Kohelet 3,1–15 zur Sprache kommt: Alles hat seine Zeit. Es gibt eine Zeit zum Säen und eine Zeit zum Ernten, eine Zeit zu lachen und eine Zeit zu weinen, eine Zeit aufzubauen und eine Zeit niederzureißen – »wenn Rebhuhn, dann Rebhuhn, wenn Fasten, dann Fasten«.

Auch hier zeigt sich wieder: Teresas Sprache und Spiritualität sind alltagstauglich und geerdet. Natürlich strebt sie ein Leben an, das sich immer mehr an Gottes Willen ausrichtet, in dem sie immer mehr seinen Willen tut. Aber sie weiß eben auch, dass der Mensch das nicht in jedem Augenblick seines Lebens kann, weil ihn oft ganz andere Dinge beschäftigen, die seine absolute und sofortige Aufmerksamkeit brauchen. Das fängt bei den körperlichen Bedürfnissen an und endet bei der Buchhaltung oder dem Berechnen von Vorräten.

Heute hat man manchmal den Eindruck, dass den Menschen ein bisschen mehr von Teresas Lebensklugheit guttäte. Wenn Sie beispielsweise einmal in die Regale der Buchhandlungen schauen, werden Sie ein Thema finden, das gerade wieder, aber eigentlich schon seit Jahren auf den Bestsellerlisten an erster Stelle steht: das Glück. In all den vielen Veröffentlichungen geht es darum, einen Weg aufzuzeigen, wie man glücklich werden kann. Dabei gibt es zwei Kategorien von Büchern: die einen, die auf behutsame Weise und eher in einer Parabel zeigen, was Glück eigentlich ist und dass jeder seinen eigenen Weg dorthin finden muss. Und die zweite, die einmalige »Patentrezepte« anbieten und ihren Lesern tatsächlich weismachen wollen:

Wenn du das und das tust, dann wirst oder bist du glücklich, möglichst noch für den Rest deines Lebens.

Hier heißt es vielleicht, nicht so sehr in den Spiegel zu schauen als vielmehr auf den Boden der Tatsachen. Wenn Sie ehrlich zu sich selbst sind, wissen Sie, dass das »Glück« kein Dauerzustand ist. Glück empfindet man im ganz besonderen Augenblick, manchmal auch erst, wenn dieser schon längst vorbei ist. Es gibt auch so etwas wie eine »glückliche Zeit« – aber auch die empfindet man meistens erst im Nachhinein als solche, nämlich dann, wenn man nicht mehr glücklich ist oder einfach eine schwere Zeit durchmacht. Ich behaupte, dass es so etwas wie ein glückliches Grundgefühl im Leben gibt: wenn man spürt, dass man sich dort, wo man gerade ist, wohl und am richtigen Platz fühlt. Wenn es einen Partner, eine Partnerin im Leben gibt, mit der man gerne alt werden möchte. Wenn die Arbeit, die man hat, Spaß macht und einen ausfüllt. Aber selbst dann gibt es immer wieder harte Zeiten, unschöne Tage, schlechte Begegnungen, Stress und Ärger.

Menschliches Leben ist nicht nur schön, es besteht immer aus dem Wechsel von guten und schlechten Zeiten, oder, wie Kohelet sagt, aus Zeiten, in denen gesät wird, und solchen, in denen man erntet, aus solchen, in denen man weint, und anderen, in denen man lacht. Teresas Spruch vom Rebhuhn und dem Fasten nimmt genau diese Grundgegebenheit menschlichen Lebens ernst. Und sie fügt noch ein Weiteres hinzu: Wenn du gerade in einer Zeit lebst, in der »Rebhuhn« dran ist, in der es dir also gut geht, du dich glücklich und ausgefüllt fühlst, dann genieße sie in vollen Zügen. Sei gewiss: Auch die Zeit des Fastens, der »Dürre«, der Schwere wird kommen. Und wenn, dann ertrag auch das, denn es gehört genauso zum Leben wie das Glück. Lass dich auch darauf ein, nimm die schwere Zeit an, verleugne sie nicht.

Der Weg, den Teresa beschreibt, ist also nicht immer mit Rosen gepflastert. Gerade als Frau ihrer Zeit, die sich zudem noch um die materiellen Sorgen ihrer Klöster und die seelsorglichen Nöte im Zusammenleben ihrer Mitschwestern kümmern musste, wusste sie, wovon sie sprach. Aber sie hat ein einfaches Lebensmotto, das ihr hilft, das zu meistern, was jeder einzelne Tag für sie bereithält: »Wenn Rebhuhn, dann Rebhuhn, wenn Fasten, dann Fasten.«

Selbst wenn unsere Sorgen heute sicher andere sind als die Teresas, ist dieser Satz einer, der uns auch heute helfen kann zu leben. Das wirklich Praktische und Lebenstaugliche daran bleibt seine Botschaft: Man kann sich ständig in eine bessere Zukunft und Vergangenheit träumen und dafür leben, dass es irgendwann einmal besser wird. Man kann aber auch die Ärmel aufkrempeln und die Gegenwart so annehmen, wie sie ist, ob schön oder scheußlich. Und dann etwas tun, damit es sich ändert – wenn man das denn möchte ...

Wann haben Sie das letzte Mal ein Essen, einen Wein, ein Stück Schokolade oder was immer Ihren Gaumen am meisten erfreut, wirklich ohne schlechtes Gewissen genossen?

Kreisen Ihre Gedanken oft um das, was Sie nach Ihrer eigenen Ansicht »eigentlich« sollten, aber nicht tun? Wenn ja: Was ist der Grund, warum Sie eigentlich etwas anderes sollten?

In welcher »Zeit« befinden Sie sich gerade? Ist es eher »Rebhuhnzeit« oder »Fastenzeit«?

»Bete nicht um leichtere Last, sondern um einen stärkeren Rücken«

TUN

Eine kleine Weisheitsgeschichte zum Anfang: Jesus wanderte mit seinem Freund und Gefährten Petrus durch die Hügel im baskischen Hinterland. Die Wege waren schlecht und holprig, zerfurcht und übersät mit Schlaglöchern. Als sie um eine Kurve kamen, sahen sie einen Karren, der in eines der Schlaglöcher geraten und umgestürzt war. Der Esel, der noch angeschirrt war, lag vor dem Wagen auf der Erde, und der Fuhrmann kniete neben dem Karren. »Verdammt nochmal, das musste ja passieren«, schimpfte Petrus, »diese Straße ist auch wirklich in einem gottserbärmlichen Zustand!«

»Zähme deine Zunge ein wenig, ich bitte dich«, meinte Jesus nur. Inzwischen waren sie bei dem Verunglückten angekommen. Der hatte die Hände vor der Brust gefaltet und betete inbrünstig: »Gott, du bist gütig, du bist allmächtig. Ich bitte dich: Stehe du mir bei und stelle meinen Karren wieder auf die Räder!« Petrus blieb stehen und nickte wohlwollend, aber Jesus ging einfach weiter. Petrus wunderte sich über diese göttliche Gleichgültigkeit. Er lief ihm nach und fragte ihn: »Herr, willst du ihm nicht helfen?« Jesus lächelte: »Das siehst du doch! Los, lass uns weitergehen.«

Petrus schaute ihn verblüfft an, sagte aber nichts und folgte ihm. Als sie um die nächste Biegung kamen, lag dort der nächste umgestürzte Wagen. Der Fuhrmann hatte aber wohl mit Beten nicht viel am Hut. Stattdessen zeterte und zerrte, drohte und drückte, schimpfte und schob er an seinem Karren und versuchte alles, um ihn wieder auf die Räder zu stellen. Sein Esel graste ausgespannt am Wegesrand. Wieder lächelte Jesus, und Petrus, der sich beeilt hatte, ebenfalls ein solches Lächeln aufzusetzen, hörte entsetzt, was der Fuhrmann seinem Wagen zubrüllte. »Du Teufelssohn!«, schrie er den Karren an, und »Teufelsschwein«, und das waren nur die harmlosen Flüche. »Komm, Petrus«, sagte Jesus da, »pack mit an, wir wollen ihm helfen.« Petrus sah Jesus mit offenem Mund an. »Äh, ja, Herr«, antwortete er nach einer Weile. Dann fragte er noch immer verwundert: »Wieso helfen wir diesem Mann, der lauthals flucht, und nicht dem, der so fein gebetet hat?« Jesus schaute ihn durchdringend an. »Ich will dir etwas sagen, Petrus«, sagte er dann. »Der gute Mann hier tut alles, was er kann, um den Karren aus dem Dreck zu ziehen. Doch der andere, der nur die Hände faltet – nun, der ist ein Faulpelz!«

Dieses baskische Märchen hätte Teresa sicher auch gefallen, denn wie schon der Titel dieses Buches sagt: Sie wollte keine Heilige sein. Zumindest keine Säulenheilige, die ihr Leben ausschließlich dem Beten und der Askese widmete, ohne je mit den Menschen in Berührung zu kommen. Das war nicht das, was Teresa unter Christsein verstand, denn dazu gehörten nicht nur selbstverständlich ihre Mitmenschen, sondern auch und gerade als Gegenpol zur Kontemplation das Tun. Und sollten diese beiden Pflichten in Konflikt miteinander geraten, dann war ihrer Ansicht nach dem Tun immer der Vorrang einzuräumen: » ... Aber nur, solange nicht der Dienst am Nächsten anderes fordert. Wenn Pflicht und Liebe es verlangen, müssen wir die für Gott reservierte Zeit opfern, während der wir in der Stille an ihn denken und uns an den inneren Erfahrungen freuen wollten, die er uns schenkt. Darauf im genannten Sinn zu verzichten heißt ihn erfreuen und ihm dienen.« Für Teresa war das Tun sogar das, worauf das Beten zielte: »Dahin, meine Töchter, führt das innere Gebet, und dazu dient auch die geistliche Vermählung, dass daraus Werke geboren werden, Werke!«

In diesem Zusammenhang nutzt sie oft das Bild, das im Lukasevangelium von Marta und Maria gezeichnet wird (Lukas 10,38–42): Während Marta in der Küche schuftet und dafür sorgt, dass die Gäste versorgt sind und der Haushalt läuft, sitzt Maria zu Füßen von Jesus und hört ihm andächtig zu. Daraufhin beschwert sich Marta bei Jesus darüber, dass ihre Schwester ihr nicht hilft, und Jesus antwortet sinngemäß, dass Maria richtig gewählt habe und ihr das deshalb auch nicht genommen werden sollte. Teresa ist der Ansicht, dass Marta und Maria immer zusammengehören und sozusagen nur zwei Seiten einer Medaille sind. Ob man sich verhält wie Maria oder wie Marta, hängt dabei nur davon ab, was die Situation gerade erfordert. Wenn also das Tun das Drängendere, das Notwendig ist, dann muss das Kontemplative zurückstehen. Zu diesem Notwendigen zählt Teresa auch die alltäglichen Pflichten: »Wenn euch der Gehorsam viele äußere Verrichtungen auferlegt, etwa in der Küche, so wisst: Inmitten der Töpfe ist der Herr zugegen, um euch innerlich und äußerlich beizustehen.« Das Umgekehrte jedoch schließt sie beinahe aus: »Nur sprecht nicht zu Gott und denkt dabei an andere Dinge, denn das hieße, nichts verstanden zu haben.« Letztendlich bedeutet das nichts anderes, als konsequent zu sein, wie wir oben schon gesehen haben.

»Gott zwischen den Kochtöpfen« – ein inzwischen schon fast sprichwörtlicher Satz. Und daher wird Teresa auch das folgende wunderschöne Gebet zugeschrieben, das auch heute noch viele Menschen anspricht – oder vielmehr aus dem Herzen spricht:

Herr der Töpfe und Pfannen,
ich habe keine Zeit,
eine Heilige zu sein
und Dir zum Wohlgefallen
in der Nacht zu wachen,
auch kann ich nicht meditieren
in der Morgendämmerung
und im stürmischen Horizont.

Mache mich zu einer Heiligen,
indem ich Mahlzeiten zubereite
und Teller wasche.

Nimm an meine rauen Hände,
weil sie für Dich
rau geworden sind.

Kannst Du meinen Spüllappen
als einen Geigenbogen gelten lassen,
der himmlische Harmonie
hervorbringt auf einer Pfanne?
Sie ist so schwer zu reinigen
und ach, so abscheulich!

Hörst Du, lieber Herr,
die Musik, die ich meine?
Die Stunde des Gebetes ist vorbei,
bis ich mein Geschirr
vom Abendessen gespült habe,
und dann bin ich sehr müde.

Wenn mein Herz noch am Morgen
bei der Arbeit gesungen hat,
ist es am Abend schon längst
vor mir zu Bett gegangen.
Schenke mir, Herr,
Dein unermüdliches Herz,
dass es in mir arbeite statt des meinen.

Mein Morgengebet
habe ich in die Nacht gesprochen
zur Ehre Deines Namens.
Ich habe es im Voraus gebetet
für die Arbeit des morgigen Tages,
die genau dieselbe sein wird wie heute.

Herr der Töpfe und Pfannen,
bitte darf ich Dir
anstatt gewonnener Seelen
die Ermüdung anbieten,
die mich ankommt
beim Anblick von Kaffeesatz
und angebrannten Gemüsetöpfen?

Erinnere mich an alles,
was ich leicht vergesse;
nicht nur um Treppen zu sparen,
sondern, dass mein
vollendet gedeckter Tisch
ein Gebet werde.

Obgleich ich Marta-Hände habe,
habe ich doch ein Maria-Gemüt,
und wenn ich die schwarzen Schuhe putze,
versuche ich, Herr,
Deine Sandalen zu finden.
Ich denke daran,
wie sie auf Erden gewandelt sind,
wenn ich den Boden schrubbe.

Herr, nimm meine Betrachtung an,
weil ich keine Zeit habe für mehr.
Herr, mache Dein Aschenbrödel
zu einer himmlischen Prinzessin;
erwärme die ganze Küche
mit Deiner Liebe
und erleuchte sie mit Deinem Frieden.

Vergib mir, dass ich mich absorge,
und hilf mir, dass mein Murren aufhört.
Herr, der Du das Frühstück am See
bereitet hast, vergib der Welt,
die da sagt: »Was kann denn
aus Nazaret Gutes kommen?«

Teresa war eine völlig »geerdete« Frau, die wusste, was Alltag bedeutet und dass darin oft keine Zeit bleibt für Besinnung oder Spiritualität, wie wir heute sagen würden. Daher ist dieses Gebet zumindest eines, das ihr sehr gefallen hätte. Sie weiß aber auch, dass man nicht nur mit dem Mund beten kann, sondern auch mit den Händen und Füßen, indem man sie dort einsetzt, wo sie gebraucht werden. Dabei hat sie stets Jesu Aussage vor Augen: Was ihr dem Geringsten meiner Brüder getan habt, das habt ihr mir getan.

Dabei ist ihr wichtig: Es geht nicht um die Werke an sich, also nicht darum, sich damit das »Himmelreich« zu »verdienen«, sondern es geht um die Menschen, denen sie zugutekommen. Und übertragen auf heute, würde ich hinzufügen: sogar, wenn dieser Mensch, dem sie zugutekommen, man selbst ist. »Der Herr sieht nicht so sehr auf die Größe der Werke als auf die Liebe, mit der sie getan werden«, ist daher einer von Teresas Leitsätzen.

Um uns selbst zu finden, um ein »ganzer« Mensch zu werden, brauchen wir andere, so wie sie uns brauchen, um ganz zu werden. Martin Buber hat dies in die bekannten Worte gefasst: »Der Mensch wird am Du zum Ich.« Und damit ist nicht immer nur die gute Tat am Nächsten gemeint, sondern auch die Auseinandersetzung mit ihm, was sich auch darin zeigen kann, sich vom anderen abzusetzen, Grenzen zu ziehen. Oder aber darin, eine Beziehung zu verändern, notfalls sogar zu beenden, wenn wir spüren, dass sie uns nicht guttut. Um auf die Bilder aus der Geschichte zu Anfang zurückzukommen: Es reicht nicht aus, um »Erleuchtung« oder Selbstfindung zu beten oder Gott anzuflehen, dass er meinen »Karren« aus dem Dreck zieht. Ich muss selbst etwas dazu tun oder vielmehr alles das tun, was in meiner Macht steht, was ich irgend tun kann, damit sich meine Lage bessert und ich wieder auf meinen Weg zurückfinde. »Gott belohnt die guten Werke in der Weise, dass er Kraft und Gelegenheit zu noch besseren gibt«, meint Teresa mit einem Augenzwinkern dazu. Das ist nicht immer einfach, gerade wenn es um Beziehungen geht. Aber wie man nicht nur mit den Lippen beten kann, braucht man, um etwas zu tun, nicht unbedingt nur die Hände. Man kann auch mit dem Mund etwas tun, ihn nämlich aufmachen – zu einem Gespräch.

Manchmal möchte man so gerne ehrlich sein, dem anderen das sagen, was man wirklich fühlt – oder auch nicht mehr fühlt –, und dann sagt man es doch nicht, weil man genau weiß, dass es den anderen unendlich verletzen würde. Oder auch weil man selbst Angst davor hat, am Zerbrechen der Beziehung und damit am Elend, an der Trauer des anderen schuld zu sein. Auch hier hilft es wieder, in unsere Provianttasche zu greifen und daraus den Mut herauszuziehen. »Eine heilige Kühnheit sollen wir haben, denn Gott hilft den Mutvollen«, ermuntert uns auch Teresa, und wahrscheinlich spricht sie da aus eigener Lebenserfahrung. Sie hatte es als Frau wahrlich nicht leicht in einer von Männern dominierten Welt, insbesondere im geistlichen Bereich, auch wenn sich daran bis heute nicht eben viel geändert hat. Wenn sie etwas brauchte oder erreichen wollte, dann musste sie es entweder so »verpacken«, dass jene, die die Entscheidungen darüber zu treffen hatten, das Gefühl bekamen, sie wären selbst auf diese Idee gekommen. Das konnte Teresa auch, aber oft genug sagte sie einfach geradeheraus, was sie dachte, und vor allem, wie sie dachte. Damit eckte sie nicht nur an, sondern schwebte angesichts einer mehr als strengen spanischen Inquisition auch ganz schnell in Lebensgefahr. Und dennoch machte sie die Erfahrung: Wenn sie mutig, aber nicht übermütig war, erreichte sie meist genau das, was sie wollte. Man nahm sie ernst und hörte auf ihre Argumente.

Vielleicht kennen Sie diese Erfahrung auch? Manchmal hat man schreckliches Bauchweh vor einem Gespräch, einer Mail, einem Brief, einer Begegnung, weil man weiß, dass es nicht angenehm werden wird, dass man Wahrheiten sagen muss, die wehtun oder die einen selbst sogar in keinem besonders guten Licht dastehen lassen. Man malt sich schon vorher aus, was der andere wohl antworten oder wie er reagieren wird. Und man überlegt sich schon vorher, welche Folgen – meist unangenehme – das für das eigene Leben haben wird. Und dann – kommt alles ganz anders. Unser Gegenüber reagiert verständnisvoll oder sagt vielleicht sogar, dass es dieses Problem auch schon seit einiger Zeit mit sich herumträgt und nun froh ist, dass man es angesprochen hat. Die Folgen, die man sich in einem Horrorszenario ausgemalt hat, bleiben aus oder sind zumindest erträglich, sodass alle damit leben können.

Und dann fragt man sich manchmal, warum man eigentlich so lange damit gewartet hat, das Problem anzugehen oder endlich einmal etwas zu ändern. Vielleicht fragt man sich auch, was so schwer daran ist, miteinander zu sprechen. Ein Grund liegt wohl darin, dass in meiner Generation und auch in den folgenden kaum jemand dies als Kind zu Hause gelernt hat. In den wenigsten Familien gibt es so etwas wie eine »Konfliktkultur«, man hat uns nicht vorgelebt, wie man sich konstruktiv streitet.

Streit bedeutet Disharmonie, heißt, dass irgendetwas nicht stimmt. Noch unseren Eltern hatte man eingetrichtert, dass es das nicht geben kann beziehungsweise dass dann mit ihnen selbst irgendetwas nicht stimmt, wenn sie sich als Paar, als Eltern streiten. Darüber könnte man ein eigenes Buch schreiben ... Als ihre Kinder müssen wir heute oft mühsam lernen, dass ein lautes Wort, auch mal ein falsches Wort, eine falsche Beschuldigung oder ein Missverständnis kein Grund sind, eine Beziehung gleich abzubrechen. Und dass Schweigen kein Mittel ist, um einen Konflikt zu lösen.

Ich bin kein Fan der Bücher, in denen man nachlesen kann, warum Männer nicht warm duschen möchten und Frauen Handtaschen kaufen. Um diese Bücher nicht zu mögen, muss man aber zumindest eines gelesen haben, und bei dieser Lektüre bin ich auf eine erstaunliche Szene gestoßen, die mir auf die eine oder andere Weise bekannt vorkam:

Die Autorin erzählt, dass sie einen fürchterlichen Streit mit ihrem Mann hatte, bei dem sie sich anschrien und sich gegenseitig die Schuld für irgendetwas in die Schuhe schieben wollten. »Eigentlich wollte ich überhaupt nicht streiten, ich wollte auch keine Beschuldigungen vorbringen und sagte tausend Dinge, die ich gar nicht so meinte. Eigentlich wollte ich nur, dass mein Partner mich genau jetzt in den Arm nimmt, aber ich sagte es ihm nicht«, schreibt sie sinngemäß dazu. Erst dachte ich: So ein Unsinn, warum sagt sie ihm das denn nicht? Aber wenn ich ehrlich bin, kenne ich diese Situation in ähnlicher Weise zur Genüge: Man möchte, dass der andere versteht, was man gerade braucht, was einem am dringendsten fehlt – aber man sagt es ihm nicht, weil man der Überzeugung ist, dass er ja wohl fähig sein muss, die eigenen Gedanken an der Nasenspitze abzulesen. Oder zumindest zu erraten, weil er doch genauso fühlen muss wie ich!

Wenn Sie nun aber beispielsweise zu einem Arzt gehen, weil Sie Schmerzen im Knie haben, dann lassen Sie diesen ja auch nicht erst eine halbe Stunde herumraten, wo es Ihnen denn wehtun könnte. Sie würden dann auch hinterher nicht denken: »Was für ein schlechter Arzt, der kann mir überhaupt nicht helfen!«, wenn es ihm nicht gelungen ist, Ihr schmerzverzerrtes Gesicht so zu deuten, dass Ihnen das Knie wehtut. Eigentlich ist das nichts anderes, als meinem Gegenüber zu überlassen, meine Worte zu hören, sie sozusagen zu überhören und dahinter ihre wahre Bedeutung zu erkennen beziehungsweise das zu begreifen, was ich gar nicht sage. Damit stelle ich Erwartungen an ihn, die dieser gar nicht erfüllen kann. Natürlich gilt das nicht generell, denn es gibt auch Menschen, die es tatsächlich nicht interessiert, wie es einem geht, und die auch dann, wenn man ihnen die Wahrheit sagt, die Ohren auf Durchzug stellen, weil es ihnen egal ist, wie man empfindet. Andererseits kann man sicher nicht immer genau in Worte fassen, wie man sich fühlt. Und manchmal sagt ein Blick auch mehr als tausend Worte, zumal wenn ich den Menschen, der mir einen solchen Blick schenkt, mag und ich bereit bin, nicht nur mit den Ohren, sondern auch mit dem Herzen zu hören. Damit sind wir sozusagen am Ziel unseres Weges angelangt. Und darum geht es im nächsten und letzten Kapitel.

Haben Sie schon einmal überlegt, dass etwas, das Sie mit Liebe zubereitet oder für andere getan haben, so etwas wie ein Gebet sein könnte, weil es Ihr Herz ausfüllte?

Fällt es Ihnen schwer, sich ein Herz zu fassen und auch über unangenehme Dinge zu reden?

Gibt es in Ihrer Familie/Beziehung so etwas wie eine »Konfliktkultur«?

Ankommen

»Ich meine, dass es der Liebe nicht möglich ist, irgendwo stehen zu bleiben. Wer nicht wächst, schrumpft«

LIEBE

Liebe ist ein großes Wort und hat sehr viele Facetten. Um dies etwas einzugrenzen, soll es hier weniger um die Liebe in einer Beziehung beziehungsweise zwischen zwei Menschen gehen als vielmehr um eine Grundhaltung gegenüber dem Leben und unseren Mitmenschen, die uns dabei hilft, auf Dauer wir selbst zu werden und zu bleiben.

»Was du nicht willst, das man dir tu', das füg' auch keinem anderen zu« – diese sogenannte Goldene Regel findet sich in der Bibel (allerdings in positiv gewendeter Form: »Was ihr von anderen erwartet, das tut ebenso auch ihnen«) in Lukas 6,31 und in Matthäus 7,12. Im Lukasevangelium steht diese Regel am Ende der Bergpredigt Jesu und folgt hier auf das Gebot, nicht nur den Nächsten zu lieben, sondern sogar die eigenen Feinde.

Schon sehr bald in der Geschichte des Christentums wurden die Seligpreisungen, die Jesus in der

Bergpredigt nennt, nicht nur von Außenstehenden, sondern auch von vielen Christen als utopisch abgestempelt. Man müsse sie rein symbolisch verstehen, meinen auch heute noch viele. In diesen Seligpreisungen findet man Jesu Botschaft in ihrer ganzen Radikalität. Und eine seiner radikalsten und vielleicht auch schwierigsten Forderungen ist die, unsere Feinde zu lieben. Wie soll das gehen, fragt man sich, wenn es oft schon so schwer ist, die Menschen zu lieben, die uns nahe sind? Wenn wir es nicht einmal schaffen, dem Onkel zu verzeihen, dass er zum zweihundertsten Mal den gleichen Witz erzählt und erwartet, dass wir darüber lachen, oder der Kusine, dass sie bei jeder sich bietenden Gelegenheit beleidigt ist. Wenn uns schon die Freundin auf die Nerven geht, weil sie »Nein, danke« sagt und »Ja, bitte« meint, wie sollen wir da einen Kollegen lieben, der uns beim Chef anschwärzt, oder im schlimmsten Fall jemanden, der am Tod eines geliebten Menschen schuld ist?

Wenn man einmal darüber nachdenkt, was es denn bedeuten könnte, seine Feinde zu lieben, dann ist »lieben« hier vielleicht das falsche Wort. Aber vielleicht könnte man sagen, dass man zumindest lernt, mit allen Menschen zu leben, ohne durch Wut und Zorn an sie gebunden zu sein. Das ist nicht das Gleiche wie lieben, aber es macht uns und vor allem unser Herz frei, auch nach einer Enttäuschung, nach einer Verletzung weiter oder wieder lieben zu können und so auch den Menschen und der Welt in dieser Haltung zu begegnen. Und wie komme ich zu einer solchen Haltung? Eigentlich halten wir jetzt, nachdem wir uns in diesem Buch gemeinsam auf den Weg zu uns selbst gemacht haben, alle nötigen »Instrumente« in der Hand, dass uns das gelingen kann:

Da wäre zunächst die Goldene Regel: »Was ihr von anderen erwartet, das tut ihnen ebenso.« Der Umgang mit anderen ist sozusagen der Spiegel, in den ich schaue: Würde ich wollen, dass jemand mich so behandelt, wie ich ihn behandele? Was würde ich denken, wenn jemand das zu mir sagen würde, was ich ihm gesagt habe?

Ich kenne ein paar Menschen, die sich selbst als sehr sensibel bezeichnen. Je länger man sie kennt, desto mehr wird der Umgang mit ihnen aber zum Spießrutenlauf oder vielmehr zum »Fettnäpfchenvermeidungsspiel«: Man versucht, alle Themen, die schwierig oder »sensibel« für den anderen sind, zu umgehen und ihn möglichst nicht aufzuregen, denn das führt in der Regel dazu, dass man in Sekundenschnelle zur »Persona non grata« avanciert und die Freundschaft erst einmal wieder deutlich ein paar Grad abkühlt.

Solche Menschen sind wirklich empfindlich, was allerdings etwas gänzlich anderes als sensibel ist, denn während sie erwarten, dass man sie selbst in Watte packt und ihnen nichts Hässliches sagt, sind sie selbst damit nicht besonders zimperlich und teilen ordentlich aus. Wenn jemand dann nicht bereit ist, dieses Spiel mitzuspielen, und stattdessen im gleichen Stil antwortet, geschieht das, was oben unter »Persona non grata« beschrieben ist. Diese Menschen messen sich und andere immer mit zweierlei Maß, ob im Guten oder im Schlechten. Oft sind es solche, die auch nur Gut und Böse, Schwarz oder Weiß kennen, und deshalb kann auch ein Mensch entweder nur ganz toll oder ganz schrecklich sein. Es gibt kein »Dazwischen«, kein Sowohl-als-auch.

Ich glaube ihnen sogar, dass sie sehr sensibel sind, denn was ich oft beobachtet habe, ist, dass gerade sie auf der anderen Seite ein sehr gutes Gespür für Stimmungen und den Blick für Details haben, die anderen niemals auffallen würden. Sie sind aufmerksam, hilfsbereit und freundlich – zumindest zu den Menschen, die gerade auf der Seite »Weiß« und »Gut« stehen. Wo dieser Graben verläuft zwischen den beiden Polen, bestimmen sie allein. Und wer nicht für sie ist, ist gegen sie.

Daher können sie auch keine anderen Meinungen dulden oder in einer Diskussion zwei Ansichten unversöhnt nebeneinander stehen lassen und den Menschen, der die andere Position vertreten hat, trotzdem mögen. Noch schlimmer ist es mit Kritik, egal ob an ihrer Person, an den Menschen, die gerade auf der »guten« Seite stehen, oder an den Positionen, die sie vertreten. Darauf reagieren sie, als hätte man einem Hund auf den Schwanz getreten – und das geht selten ohne lautes Jaulen und zumindest den Versuch ab, einem ins Bein zu beißen.

Ich habe dann schon so oft gedacht: Was würdest du tun, wenn ich mit dir so umgehen würde, wie du es mit mir tust? Was würdest du tun, wenn andere so zu dir wären wie du zu ihnen? Was würde passieren, wenn alle so denken und handeln würden wie du? In so einer Welt wollten sie selbst dann wohl am allerwenigsten leben. Wenn jedoch alle nach der Goldenen Regel handeln würden, gäbe es eigentlich niemanden, dem es schlecht geht oder der zu kurz kommt. Es ist tatsächlich utopisch zu glauben, dass wir das als Menschen in all unserem Tun umsetzen können, aber die Erinnerung daran, im anderen ein Spiegelbild meiner selbst zu sehen, würde schon in vielen Situation helfen, dem anderen gegenüber Verständnis und Toleranz aufzubringen und ihn wenn schon nicht zu lieben, so doch wenigstens zu akzeptieren.

Auch die Demut kann uns dabei helfen, uns selbst und unseren Nächsten zu lieben, sodass wir uns finden können, ohne dass sich deshalb ein anderer verliert. Teresa meint sogar: »Ich vermag nicht einzusehen, wie man Demut ohne Liebe oder Liebe ohne Demut habe oder haben könne.« Wenn wir Demut so verstehen, wie oben beschrieben, dann bedeutet sie, einen Schritt von sich selbst zurückzutreten und sich mit etwas Abstand zu betrachten, sich selbst nicht als Nabel der Welt zu sehen, sondern als einen Menschen unter vielen (anderen, gleichen).

Gerade hier kann deutlich werden, was in diesem Zusammenhang heißen kann, seine Feinde zu »lieben«: Stellen Sie sich vor, Sie liegen abends im Bett und spüren noch immer diesen »heißen Ball« im Bauch. »Dass ich mir von der so etwas sagen lassen muss!«, denken Sie, oder »Als er das zu mir gesagt hat, da hätte ich sagen sollen ...« Und jedes

Mal, wenn der Gedanke daran in Ihnen hochkommt, ist alles wieder da: die Demütigung, das Gefühl, vorgeführt worden zu sein. Diesen Menschen lieben, der Ihnen das angetan hat? Sicher nicht. Und doch ... Wut und Zorn sind sehr starke Gefühle. Und oft zeigen sie uns, dass wir von dem, was sie ausgelöst hat, nicht nur betroffen sind, sondern auch getroffen, weil ein Fünkchen Wahrheit drinsteckt – jedenfalls wenn wir einen Schritt zurücktreten und einmal ganz ehrlich zu uns sind. Feindesliebe ist ein großes Wort, aber wir können auch im Kleinen damit anfangen. Vielleicht gelingt es uns ja, zumindest vor uns selbst zuzugeben, wenn keiner zuhört und zuschaut, dass der Kollege mit seiner Kritik an uns sogar recht hatte – auch wenn er sich vielleicht im Ton vergriffen hat. Vielleicht können wir ihm deshalb sogar vergeben. Und uns selbst vergeben, dass wir etwas falsch gemacht haben.

Was Jesus mit Feindesliebe auch meinte, ist sicher, dass sich die Fronten nicht verhärten und wir eben nicht bei der Wut und dem Zorn stehenbleiben. Vor allem aber, dass wir nicht mit den gleichen Waffen zurückschlagen, mit denen uns jemand angegriffen hat. Auch das gelingt, wenn wir einen Schritt zurücktreten. Dann fällt es uns leichter zu sehen, dass Rache nur weitere Gewalt gebiert (ob verbale oder nonverbale), ebenso wie der Hass. Es zeigt uns auch, dass wir durch all diese Emotionen an den Menschen gebunden bleiben, der uns so zuwider, so »feind« ist. Wir können ihn nicht loslassen, weil Rache und Hass eine Beziehung im negativen Sinn aufrechterhalten: Wir bleiben auf diesen Menschen fixiert.

Feindesliebe heißt zudem, im anderen nicht ein »Etwas«, ein »Ding« zu sehen, sondern einen Menschen, der – wenn auch für mich nicht nachvollziehbare – Beweggründe hat für sein Verhalten, ähnlich wie ich auch. Dieser Mensch ist kein Erfüllungsgehilfe des »Bösen« oder irgendein Teufel, keine übermächtige Macht, die man bekämpfen muss, oder ein Sündenbock, auf den ich all das projiziere, was ich an mir selbst nicht mag und mit dem ich nicht zurande komme. Er ist ein Mensch und hat genau wie ich Ecken und Kanten, Talente, Liebenswertes, aber auch schwierige Eigenschaften. Wenn es mir gelingt, den anderen so zu sehen, dann muss ich nicht nur auf das Negative schauen, sondern kann auch seine guten Eigenschaften noch erkennen.

»Liebt die Tugenden eurer Schwestern und denkt nicht an ihre Fehler«, rät Teresa ihren Mitschwestern. Das ist manchmal sehr viel schwieriger, als jemanden von Grund auf doof zu finden, gerade wenn man einen Groll oder eine Kränkung mit sich herumträgt. Aber schon das Nachdenken über die guten Seiten eines anderen – und wenn ich mir diese nur selbst eingestehe – hilft dazu, aus dem anderen keinen Teufel zu machen, sondern in meinem Herzen die Möglichkeit offenzuhalten, diesen Menschen auch irgendwann einmal (wieder) zu mögen, selbst wenn ich mir das in diesem Augenblick überhaupt nicht vorstellen kann.

Es geht mit nicht darum, Kränkungen und Verletzungen zu verharmlosen. Ich möchte auch nicht den Eindruck erwecken, als müsse man jeden Menschen leiden können. »Es ist eine große Kunst, jede Seele zu ertragen«, sagt selbst Teresa. Es wird immer Menschen geben, die man manchmal sogar im wahrsten Sinn des Wortes nicht riechen kann. Aber den Feind zu lieben heißt, ihn nicht zu mehr und auch nicht zu weniger zu machen als das, was er ist: ein konkreter Mensch. Dass das nicht immer der Fall ist, lässt sich leicht an fanatischen Gruppierungen ablesen, die das Wort »Feind« oft im Mund tragen und eine genaue Vorstellung davon haben, wer dies ist. Dabei geht es aber eben nicht um konkrete Menschen, sondern um ein Feindschema. Menschen, die in dieses Schema passen, sind schon deshalb zu vernichten, weil sie anders sind als man selbst. Dabei betrachtet man nicht die Lebensumstände oder den jeweils individuellen Menschen, sondern nur einen Teil von ihm, beispielsweise seinen Glauben oder sein Geschlecht oder seine kulturelle Zugehörigkeit.

Als Mensch kann ich mich mit ihm auseinandersetzten und im schlimmsten Fall sogar beschließen, dass ich ihm, soweit das geht, einfach aus dem Weg gehe, weil ich nicht mit ihm klarkomme. Das funktioniert mit einem Feindbild nicht. Dann bin nicht ich es, der dem anderen aus dem Weg geht, sondern ich verlange, dass der andere mir aus dem Weg geht oder noch besser: aufhört zu existieren, weil ich mich durch ihn beleidigt fühle beziehungsweise er auf einer tieferen Ebene meine Sicht der

Dinge, meinen Glauben in Frage stellt (wovon der andere oft gar nichts weiß) und mich somit bedroht. Ein solches Feindbild braucht Verbündete, braucht weitere Menschen, die mich darin bestätigen, dass ich »richtig« bin, dass ich recht habe. Und dann ist der andere nicht mehr nur mein Feind, sondern der vieler. Teresa erkennt die Gefahr, die darin steckt: »Denn vor lauter Herumlaufen, um bei den anderen ein paar winzige Kleinigkeiten festzustellen, die manchmal nicht einmal eine Unvollkommenheit sind, wir aber womöglich aus unzureichender Kenntnis schlecht auslegen, kann die Seele ihren Frieden verlieren und sogar noch die anderen in ihrem stören.«

Gerade fanatische Gläubige behaupten oft, dass sie niemanden mehr lieben als Gott. Und dass sie Menschen verachten, die anders denken. Mit Teresa möchte man ihnen oder vielmehr Gott dazu sagen: »Wer den Nächsten nicht liebt, der liebt auch dich nicht, mein Herr«, denn: »Ob wir Gott lieben, lässt sich nicht sicher wissen, wenn es auch wichtige Merkmale dafür gibt. Die Liebe zum Nächsten aber, die können wir wissen. Je mehr wir darin fortschreiten, umso größer wird auch die Gottesliebe.« Was sollte das auch für ein Gott sein, der die einen liebt und die anderen verachtet? Und dann sogar noch verlangt, dass man diese »Falschgläubigen« zu seiner Genugtuung umbringt? In einem solchen Gottesbild spiegeln sich höchstens die Ängste von Menschen, die mit Freiheit nichts anfangen können, die feste »Geländer« brauchen für ihren Geist und ihren Körper, die richtig und falsch nicht selbst unterscheiden wollen, sondern lieber einem »Vordenker« folgen, auf den sie ihre ganze Verantwortung abwälzen können. Diese fanatischen Gläubigen braucht man gar nicht nur in den Lagern der Islamisten zu suchen, es gibt sie auch unter den Christen. Und in abgeschwächter Form gibt es sie auch heute noch unter den ganz »normalen« Gläubigen und Ordensbrüdern und -schwestern. Denn überall dort, wo der Glaube an Gott nichts mehr mit den Menschen zu tun hat, sondern sozusagen zum Selbstzweck wird, verabsolutieren Menschen etwas, streichen sie alles aus ihrem Leben zugunsten dieses einen oder Einen, den sie Gott nennen.

Gerade aus christlicher Sicht ist ein solcher Blick auf die Dinge geradezu unchristlich zu nennen. Jesus ging es nie ums Prinzip, nie um irgendwelche Normen, Regeln, Absolutheiten. In seinem Fokus stand immer nur der Mensch. Und auch nicht »der Mensch« als abstrakte Größe (so wie »das Tier an sich«), sondern der konkret anwesende Mensch, dem er gerade begegnete, der vor ihm stand. Jesus war nicht scharf darauf, dass man zu ihm betete (das hätte er sich wahrscheinlich verbeten). Er wollte auch nicht, dass man ihn den übrigen Menschen vorzog (siehe Heilungsgeschichten). Und er ließ sich nicht dazu hinreißen, allgemeingültige Regeln aufzustellen oder das Alte Testament als eine Sammlung solcher Regeln zu verkaufen, wie sich in so vielen Geschichten der Bibel nachlesen lässt (zum Beispiel in der Geschichte von der »Sünderin«, als Jesus im Sand schreibt und ihr durch den Satz »Wer von euch ohne Sünde ist, werfe den ersten Stein« das Leben rettet). Eine seiner wichtigsten Aussagen in dieser Hinsicht bleibt: »Der Sabbat ist für den Menschen da, nicht der Mensch für den Sabbat.« Jesus liebt die Menschen, er möchte sie nicht knechten oder strafen, sondern ihr Leben einfacher, glücklicher, ein kleines bisschen besser machen. Und wer wirklich in seinen Fußstapfen stehen und gehen will, dem ist genau das als Aufgabe aufgegeben. Oder wie Teresa es formuliert: »Ich möchte nur, dass ihr euch bewusst seid, dass es nicht darauf ankommt, viel zu denken, sondern viel zu lieben, wenn man auf diesem Weg große Fortschritte machen und zu den ersehnten Wohnungen aufsteigen will. Was euch also dazu anregt, mehr zu lieben, das tut.«

Nun heißt dieses Kapitel »Ankommen«, aber unser Weg zu uns selbst ist wohl erst zu Ende, wenn wir tatsächlich an unserem Lebensende angekommen sind. Solange sind wir unterwegs und müssen die Schritte auf dem Weg zu uns immer wieder wiederholen und üben, um nicht vom Weg abzukommen. Ich glaube schon, dass man bei sich selbst ankommen kann. Aber das heißt nicht, dass man dann aufhört, weiterzugehen, um genau dort auch zu bleiben, so paradox das klingt. Leben ist Veränderung – wenn wir aufhören, uns darin mit zu verändern, bleiben wir stehen und erheben einen augenblicklichen Zustand wiederum zum Maß aller Dinge. Dann wird alles, was danach kommt, zu einer Zeit, die nicht mehr die unsere ist, und wir trauern den »guten alten Zeiten« nach, die keine waren. Unser Leben bleibt nicht stehen, es geht weiter, bis wir an sein Ende kommen. Und so lange dauert auch der Weg zu uns selbst. Vielleicht werden wir uns im Tod wirklich endgültig gefunden haben.

Enden möchte ich mit den Worten Teresas, die einmal mehr genau das auf den Punkt bringen: »Ich meine, dass es der Liebe nicht möglich ist, irgendwo stehen zu bleiben. Wer nicht wächst, schrumpft.«

Verwendete und weiterführende Literatur

Teresa von Ávila, Das Buch meines Lebens, herausgegeben, übersetzt und eingeleitet von Ulrich Dobhan und Elisabeth Peeters, Freiburg im Breisgau 6. Aufl. 2002.

Teresa von Ávila, Weg der Vollkommenheit, herausgegeben, übersetzt und eingeleitet von Ulrich Dobhan und Elisabeth Peeters, Freiburg im Breisgau 3. Aufl. 2003.

Teresa von Ávila, Die innere Burg, herausgegeben und übersetzt von Fritz Vogelgsang, Zürich 2006.

Teresa von Ávila, Schicken Sie mir doch ein paar Täubchen. Briefe – Band 1 (1546–19. November 1576), herausgegeben von Ulrich Dobhan und Elisabeth Peeters, Freiburg im Breisgau 2010.

Teresa von Ávila, Das Buch der Gründungen, Gesammelte Werke Band 5, herausgegeben, übersetzt und eingeleitet von Ulrich Dobhan und Elisabeth Peeters, Freiburg im Breisgau 2007.

Teresa von Ávila, Ich bin ein Weib – und obendrein kein gutes. Eine große Frau, eine faszinierende Mystikerin, herausgegeben und übersetzt von Erika Lorenz, Freiburg im Breisgau 7. Aufl. 2010.

Cornelia M. Knollmeyer, Evaldine M. Ketteler, Gott zum Freund haben. Exerzitien mit Teresa von Ávila, Würzburg 3. Aufl. 2008.

Erika Lorenz, Weg in die Weite. Die drei Leben der Teresa von Ávila, Freiburg im Breisgau 2003.

Maria Antonia Sondermann, Teresa von Ávila begegnen, Augsburg 2007.

Die Lebenskunst der Klöster

Münsterschwarzacher Kleinschriften

1	Anselm Grün, **Gebet und Selbsterkenntnis**	1979/2002
3	F. Ruppert/A. Grün, **Christus im Bruder**	1979/2004
6	Anselm Grün, **Der Umgang mit dem Bösen**	1980/2001
7	Anselm Grün, **Benedikt von Nursia**	1979/2004
11	Anselm Grün, **Der Anspruch des Schweigens**	1980/2003
13	Anselm Grün, **Lebensmitte als geistliche Aufgabe**	1980/2001
17	F. Ruppert/A. Grün, **Bete und Arbeite**	1982/2003
18	Jean Lafrance, **Der Schrei des Gebetes**	1983
19	Anselm Grün, **Einreden**	1983/2001
22	Anselm Grün, **Auf dem Wege**	1983/2002
23	Anselm Grün, **Fasten**	1984/2001
25	Guido Kreppold, **Die Bibel als Heilungsbuch**	1985/2004
26	M. Dufner/A. Louf, **Geistliche Begleitung im Alltag**	1985/2006
29	A. Grün/M. Reepen, **Heilendes Kirchenjahr**	1985/2001
31	Basilius Doppelfeld, **Mission**	1985
32	Anselm Grün, **Glauben als Umdeuten**	1986/2002
36	Anselm Grün, **Einswerden**	1986/2003
37	Brakkenstein Com., **Regel für einen neuen Bruder**	1986
39	Anselm Grün, **Dimensionen des Glaubens**	1987/2004
41	Johanna Domek, **Gott führt uns hinaus ins Weite**	1987
44	Anselm Grün/Petra Reitz, **Marienfeste**	1987/2001
46	Anselm Grün/Michael Reepen, **Gebetsgebärden**	1988/2002
50	Anselm Grün, **Chorgebet und Kontemplation**	1988/2002
52	Anselm Grün, **Träume auf dem geistlichen Weg**	1989/2001
57	Grün/Dufner, **Gesundheit als geistliche Aufgabe**	1989/2001
58	Anselm Grün, **Ehelos – des Lebens wegen**	1989/2003
60	Anselm Grün, **Gebet als Begegnung**	1990/2001
61	Basilius Doppelfeld, **Mission als Austausch**	1990
62	Abeln/Kner, **Kein Weg im Leben ist vergebens**	1990/2003
64	Anselm Grün, **Eucharistie und Selbstwerdung**	1990/2002
65	Basilius Doppelfeld, **Ein Gott aller Menschen**	1991
67	A. Grün, **Geistl. Begleitung bei den Wüstenvätern**	1992/2002
68	Anselm Grün, **Tiefenpsycholog. Schriftauslegung**	1992/2002
71	Anselm Grün, **Bilder von Verwandlung**	1993/2001

73	Wunibald Müller, **Meine Seele weint**	1993/2001
75	Herbert Alphonso, **Die Persönliche Berufung**	1993/2002
76	Anselm Grün/Gerhard Riedl, **Mystik und Eros**	1993/2001
77	Gabriele Ziegler, **Der Weg zur Lebendigkeit**	1993
79	Fidelis Ruppert, **Der Abt als Mensch**	1993
80	Boniface Tiguila, **Afrikanische Weisheit**	1993
81	Anselm Grün, **Biblische Bilder von Erlösung**	1993/2001
82	A. Grün/M. Dufner, **Spiritualität von unten**	1994/2002
85	R. Abeln/A. Kner, **Das Kreuz mit dem Kreuz**	1994
86	Fidelis Ruppert, **Mein Geliebter, die riesigen Berge**	1995
87	Basilius Doppelfeld, **Zeugnis und Dialog**	1995
90	Fidelis Ruppert, **Intimität mit Gott**	1995/2002
92	Anselm Grün, **Leben aus dem Tod**	1995/2001
94	Edgar Friedmann, **Ordensleben**	1995
95	Hermann M. Stenger, **Gestaltete Zeit**	1996
97	Christian Schütz, **Mit den Sinnen glauben**	1996
98	Karin Johne, **Wortgebet und Schweigegebet**	1996
99	Anselm Grün, **Das Kreuz**	1996/2005
100	A. Grün/A. Seuferling, **Schöpfungsspiritualität**	1996/2002
101	Basilius Doppelfeld, **Lassen**	1996
102	Anselm Grün, **Wege zur Freiheit**	1996/2003
103	G. Kreppold, **Krisen – Wendezeiten im Leben**	1997/2001
104	Irmgard und Peter Abel, **Familienleben**	1997/2002
106	Anselm Grün, **Exerzitien für den Alltag**	1997/2001
108	F. Ruppert/A. Stüfe, **Der Abt als Arzt ...**	1997
109	Henri Nouwen, **Unser Heiliges Zentrum finden**	1998/2003
110	Georg Braulik, **Zivilisation der Liebe**	1998
111	Wunibald Müller, **Wenn du ein Herz hast ...**	1998
112	G. Kreppold, **Selbstverwirklichung od. Selbstverleugnung?**	1998
113	Basilius Doppelfeld, **Erinnern**	1998
114	Anselm Grün, **Zerrissenheit**	1998/2001
116	Reinhard Körner, **Was ist Inneres Beten?**	1999/2002
117	Christa Carina Kokol, **Wie bist du, Gott?**	1999
118	Gabriele Ziegler, **Sich selbst wahrnehmen ...**	1999
120	Anselm Grün, **Vergib dir selbst**	1999/2001
122	Guido Kreppold, **Träume – Hoffnung für das Leben**	1999/2001
124	Basilius Doppelfeld, **Loslassen und neu anfangen**	2000/2002
127	Wunibald Müller, **Dein Herz lebe auf**	2000/2002

128	Anselm Grün, **Entdecke das Heilige in Dir**	2001
129	Guido Kreppold, **Esoterik**	2001
130	Mauritius Wilde, **Der spirituelle Weg**	2001
131	Johanna Domek, **Das Leben wieder spüren**	2001/2006
134	Klaus-Stefan Krieger, **Gewalt in der Bibel**	2002
136	Meinrad Dufner, **Schöpferisch sein**	2002
137	B. Ulsamer/M. Hell, **Wie hilft Familien-Stellen?**	2003
138	Lothar Kuld, **Compassion – Raus aus der Ego-Falle**	2003
139	Peter Abel, **Neuanfang in der Lebensmitte**	2003
140	Wunibald Müller, **Dein Weg aus der Angst**	2003
142	A. Grün/R. Robben, **Gescheitert? – Deine Chance!**	2003
143	Meinrad Dufner, **Rollenwechsel**	2004
144	Bertold Ulsamer, **Zum Helfen geboren**	2004
145	A. Grün/W. Müller, **Was macht Menschen krank ...?**	2004
146	Peter Modler, **Lebenskraft Tradition**	2004
147	Gruber/Steins, **Mit Gott fangen die Schwierigkeiten ...**	2005
148	Guido Kreppold, **Die Kraft des Mysteriums**	2005
149	Peter Modler, **Gottes Rosen**	2005
150	Jonathan Düring, **Der Gewalt begegnen**	2005
151	Wunibald Müller, **Allein – aber nicht einsam**	2005
152	B. Ulsamer, **Lebenswunden – Hilfe zur Traumabewältigung**	2006
153	Olav Hanssen, **Dein Wille geschehe**	2006
154	Reinhard Körner, **Dunkle Nacht**	2006
155	Jonathan Düring, **Wild und fromm**	2006
156	Guido Kreppold, **Dogmen verstehen**	2006
157	Peter Abel, **Gemeinde im Aufbruch**	2006
158	Michael Plattig, **Prüft alles, behaltet das Gute!**	2006
159	Paulus Terwitte/Peter Birkhofer, **Ich bin gerufen**	2007
160	Wunibald Müller, **Atme auf in Gottes Nähe**	2007
161	Anselm Grün, **Alles ist mir Himmel**	2007
162	Meinrad Dufner, **Kirchen verstehen**	2007
163	Jochen Sautermeister, **Glück und Sinn**	2007
164	Johannes Füllenbach, **Dein Reich komme**	2007
165	Wunibald Müller, **Atme in mir**	2008
166	Kirsner/Böhm, **Wo finden wir die blaue Fee?**	2008
167	Michael Plattig, **Ich wähle alles!**	2008
168	Katharina Schridde, **Den mütterlichen Gott suchen**	2008
169	Christoph Gerhard, **Astronomie und Spiritualität**	2008

170	Meinrad Dufner, **Seele ist Körper**	2009
171	Anselm Grün, **Lebensträume**	2009
172	Benedikt Müntnich, **Über Benedikt**	2009
173	Sabine Demel, **Spiritualität des Kirchenrechts**	2009
174	Astrid H. Küpper, **Erwecke den Clown in dir**	2010
175	Guido Kreppold, **Nachfolge**	2010
176	Placidus Berger, **Ars Moriendi**	2010
177	Mauritius Wilde, **Inspiration für Kirche und Welt**	2010
178	Gabriele Ziegler, **Frei werden**	2011
179	Marlene Fritsch, **Ich möchte keine Heilige sein**	2011